当代中国教育学人丛书

教育学的
逻辑

项贤明 著

探寻教育学的科学化发展路径

中国人民大学出版社
·北京·

图书在版编目（CIP）数据

教育学的逻辑：探寻教育学的科学化发展路径/项贤明著. -- 北京：中国人民大学出版社，2021.6
（当代中国教育学人文库）
ISBN 978-7-300-29417-9

Ⅰ.①教… Ⅱ.①项… Ⅲ.①教育学－学科发展－研究 Ⅳ.①G40

中国版本图书馆CIP数据核字（2021）第097159号

国家出版基金项目
当代中国教育学人文库
教育学的逻辑
探寻教育学的科学化发展路径
项贤明　著
Jiaoyuxue de Luoji

出版发行	中国人民大学出版社		
社　　址	北京中关村大街31号	邮政编码	100080
电　　话	010-62511242（总编室）	010-62511770（质管部）	
	010-82501766（邮购部）	010-62514148（门市部）	
	010-62515195（发行公司）	010-62515275（盗版举报）	
网　　址	http://www.crup.com.cn		
经　　销	新华书店		
印　　刷	北京鑫丰华彩印有限公司		
规　　格	170 mm×240 mm　16开本	版　次	2021年6月第1版
印　　张	12.75 插页1	印　次	2021年6月第1次印刷
字　　数	178 000	定　价	58.00元

版权所有　侵权必究　印装差错　负责调换

序 言

教育学作为一门学科，自 1803 年林克（Friedrich Rink）整理出版康德的《论教育学》开始，已有 217 年的学科发展历史。从科学教育学的奠基人赫尔巴特 1806 年出版其《普通教育学》算起，教育学也已走过了 214 个年头。在社会科学诸学科中，这算是比较长的学科发展历史了。然而，就科学化的发展而言，教育学在社会科学的学科体系中，表现一直都不尽如人意。教育学在科学化发展方面的不足，直接影响到它对众多教育现实问题的解释和解决能力，也一直困扰着这个学科的发展。项贤明教授多年致力于教育学学科建设的反思，在这个领域做了不少工作，如今以此为专题出版这本书，对他在这个领域的工作做一个小结，让我感到高兴。

无论何时，在科学探索的道路上，理论工作的意义都是不应忽视的。科学在本质上就是我们人类在实践的基础上所提出的对世界的一种系统化的理论解释。离开了理论，科学就不能区别于经验，因而也就谈不上什么科学。教育科学当然也不例外，尽管实证的方法对我们把教育学知识建立在坚实的经验事实基础上意义重大，对教育学的科学化也有着关键性的推动作用，但归根结蒂，教育科学的进步仍然要通过理论上的新发展才能得到实现。也有学者认为，教育学的科学化要依靠脑科学来完成。脑科学确实可以探索学生的认知过程和一些认知规律，但作为培养人的科学，教育学恐怕不能完全建立在科学技术手段上，还需要一些哲学人文科学的思考。对教育学本身进行学科反思，探讨其理论发展的合理途径，是一项十分有价值的学术工作。我们很多实际教育问题和教育政策上的困惑，追根求源还是因为我们在科学理论上的认识不足。我常要求学生，在学术上不要过于跟风，要有勇气坚守一片属于自己的领域。做学问和做人是一个道理，既要能像小草一样随处生根，也要能像松树一样坚忍不拔，一旦落地生根，就坚守脚下的一片泥土。我欣慰地看到，项贤明多年来能够坚守自己的学术领地，勤奋耕耘。

  教育学的科学化发展是一个十分复杂的问题，关于教育学自身的理论反思也是比较困难的一项工作。项贤明的这些思考，正如他自己所言，尚属初步的成果，未来有待探索的道路还很长很长。我期待着，他以及他的学生们，能继续在这一领域不懈努力，取得更多丰硕的成果；我相信，一代又一代学者的努力，必将推动教育学在科学化的道路上取得长足的进展。

2020 年 9 月 11 日
于北京求是书屋

目 录

1 教育学作为科学之应该与可能 ·· 1
　1.1 科学化之可能性的内在依据 ·· 3
　1.2 艺术抑或科学？ ·· 6
　1.3 科学化与价值问题 ·· 9
　1.4 赫尔巴特科学化努力的失误 ·· 12
　1.5 科学化的三大任务：概念、方法与逻辑 ·························· 16

2 教育现象的分类：科学化的基础工作 ···································· 23
　2.1 分类的科学化意义 ·· 25
　2.2 科学分类的基本思路 ·· 27
　2.3 教育现象进化树：初步尝试 ······································· 31

3 实证方法与教育学的科学化 ··· 37
　3.1 我实证故我科学？ ·· 39
　3.2 实证问题的层次与局限 ··· 42
　3.3 自在、自为与实证、行为主义 ····································· 46
　3.4 实证精神与科学化的关键 ·· 50

4 学科边界与教育学的科学化 ··· 55
　4.1 边界模糊化与研究对象的迷失 ····································· 57
　4.2 相关学科之间的关系 ·· 61
　4.3 作为学科的教育学及其科学化 ····································· 65

5 作为科目和学科的教育学及其科学化 ··· 71
- 5.1 教育学的三种理论形态 ··· 73
- 5.2 三种形态的发展逻辑 ··· 79
- 5.3 从学科化走向科学化 ··· 86

6 教育学科学化过程中的概念和术语问题 ··· 93
- 6.1 基本概念和术语体系的核心作用 ··· 95
- 6.2 概念和术语体系的建构 ··· 99
- 6.3 术语和概念体系的衍生层级 ··· 104

7 教育学知识体系的逻辑同一性 ··· 109
- 7.1 知识及其学科属性 ··· 111
- 7.2 教育学知识的学科特质问题 ··· 116
- 7.3 教育学的知识清理与学科同一性的重建 ··································· 121

8 关于教育学之解释力和批判力的一个验证 ······································· 127
- 8.1 社会科学的解释力和批判力 ··· 129
- 8.2 作为一个例证的理论模型 ··· 134
- 8.3 解释力和批判力的理论验证 ··· 138

9 教育学的民族化和科学化 ··· 147
- 9.1 民族化之必要和必然 ··· 149
- 9.2 民族化的生长点 ··· 152
- 9.3 民族化的理论原则 ··· 156
- 9.4 民族化的哲学基础 ··· 158
- 9.5 民族化与科学化的关系 ··· 161

10 教育学的哲学-科学基础 ··· 165
- 10.1 教育学中的科学真理与哲学箴言 ·· 167
- 10.2 认识和发展人的两大理论基石 ·· 169
- 10.3 教育学发展过程中科学与人文的辩证运动 ································ 172

11 教育学的学科反思与重建 ……………………………………… 175
11.1 忧患与新生 …………………………………………… 177
11.2 在冲突与反思中成熟 ………………………………… 179
11.3 从整体出发为重建而谋划 …………………………… 182

参考文献 ……………………………………………………… 187
后　记 ………………………………………………………… 197

1
教育学作为科学之应该与可能

    1.1 科学化之可能性的内在依据
    1.2 艺术抑或科学？
    1.3 科学化与价值问题
    1.4 赫尔巴特科学化努力的失误
    1.5 科学化的三大任务：概念、方法与逻辑

教育学面临学科消解的威胁已为多数教育学者切身体验到了。诸多事件不断提醒着我们这一威胁,其中一个影响广泛且具有象征意义的事件,就是1997年芝加哥大学因认为教育学不符合社会科学的标准而决定关闭其教育系。种种迹象都表明,"自杜威(John Dewey)创建芝加哥大学教育系以来的百年里,社会科学研究之本性的复杂变化和教育研究的专业化,以及大学与中小学的联系,已经扩大了社会科学和教育之间的距离"[1]。教育学要摆脱目前的危机,科学化是一条必由之路。

1.1 科学化之可能性的内在依据

社会科学在其发展过程中对教育的兴趣虽有消涨却从未消失。正如哈佛大学鲁本(Julie A. Reuben)教授所说的那样,"社会科学皆由一哲学传统发展而来,而这一传统对教育有着强烈的兴趣"[2]。作为社会科学的一分子,教育学是蕴含于社会科学概念之中的,只要我们承认了社会科学的可能性,教育学可以成为一门社会科学在逻辑上就应是一个不证自明的结论。

什么样的知识体系才能被称作科学?这样的知识体系是否能够存在?对这样一类问题,"没有一个总体的回答可以覆盖所有科学及其在不同发展阶段所应用的科学方法。哲学断然没有这样的资源来提出这样一种回答"[3]。从各个流派所提供的既存答案来看,尽管立场和观点千差万别,但有一点似乎是一个基本的共识,即绝大多数人都承认:"除纯粹数学之外,几乎任何科学分支,无论是自然科学还是社会科学,物理学、生物学或人文科学,没有借由观察获得的一

---

[1] Peter Bowler, John Pickstone. The Cambridge History of Science: Vol. 7 [M]. Cambridge: Cambridge University Press, 2003: 634.
[2] 同[1]621.
[3] A. F. Chalmers. What Is This Thing Called Science? [M]. Queensland: University of Queensland Press, 1999: 247.

定数量的经验知识,都是不可能存在的"①。我们以此为出发点,来探讨教育学作为科学的可能性。

　　社会科学或蕴含于其中的教育学是否能被视为科学,关键问题之一就是其知识是否以经验事实为基础,这是科学被公认的最突出特点。教育学的知识显然可以是以经验事实为基础的,即是一种可从经验事实推导出来的知识。虽然这一命题存在有限性,即只有在一定条件下它才为真,但这一局限性同样存在于所有的社会科学甚至包括自然科学之中。对此,查默斯(A. F. Chalmers,又译查尔默斯)早有论述,他指出,"科学知识的独特特征即在于它是从经验事实中推导出来的,这种想法仅在谨慎且高度限定的形式中才能得到完全的认可"②,因为即便是那些我们以为眼见为实的"可观察的事实"亦非绝对可靠,提出"可观察的事实"这个概念本身就要付出代价,即"可观察的事实在某种程度上是可错的且可被修正的"③,况且所有被纳入科学研究的可观察事实总是有限的"有关事实"。对所有科学来说,"一方面是实证事实,另一方面是哲学/概念事实,这两者并不能绝对地进行分类"④。就此而言,教育学作为科学之可能性与其他学科相比只有程度的不同而没有本质的差异。

　　由于研究对象复杂性程度的不同,各门科学在可观察事实的基础上建立其知识体系的难度有明显的差异。教育学的研究对象是人与人之间的相互影响,其复杂程度显然处在最高一级水平。按照复杂性理论,"复杂性并不仅仅包含向我们的计算能力挑战的组成单元的数量和相互作用的数量,它还包含着不确定性、非决定性、随机现象"⑤。这也就意味着,教育学所探索的不仅是必然性,而且可能更多时候是或然性。然而,我们并不能因此就怀疑教育学作为科学的可能性,"科学的目的是对本身不可观察却可以说明可观察的过

---

① John Ziman. Real Science: What It Is, and What It Means [M]. Cambridge: Cambridge University Press, 2000: 86.
② A. F. Chalmers. What Is This Thing Called Science? [M]. Queensland: University of Queensland Press, 1999: xxi.
③ 同②25.
④ 德威特. 世界观:科学史与科学哲学导论[M]. 李跃乾,张新,译. 北京:电子工业出版社, 2014: 34.
⑤ 莫兰. 复杂性思想导论[M]. 陈一壮,译. 上海:华东师范大学出版社, 2008: 31-32.

程的过程作出真实的描述，同时，它还立足于不仅对事态的实然状态同时也对它的或然状态作出真实的描述"①。因此，和所有关涉复杂性的学科一样，或然性并不构成对教育学本身科学性的威胁，而只是会构成这一学科的一个特征。

实验也是科学的一个极其重要的特征，"对于理论的建构来说，实验有着双重意义：检验迄今为止所发展出的理论的经验适当性，并且填补空白；也就是说，指导理论的继续建构或完成理论建构。同时，理论在实验中有双重作用：以扼要而又系统的形式阐述要回答的问题，并且作为实验设计中的指导因素去回答那些问题。在所有这一切中，我们都能无可反驳地坚持认为，科学的目的就是获得经验信息，这些信息是通过判断理论在经验上适当或不适当而获得的"②。教育学在一定程度上也可运用实验的方法来获取或验证其知识，尽管它的实验同所有社会实验一样，在信度和效度等方面与自然科学实验之间仍存在着很大的差距，这种差距甚至有可能永远无法完全消除。社会科学对人自身进行研究的根本任务决定了它难以完全摆脱对反思的依赖，因而包括教育实验在内的社会实验所面临的困难要比自然科学实验所面临的大很多倍，其知识验证作用和可推广性也受到很大限制。空想社会主义在19世纪初进行的一系列社会实验的失败，"尤其证明了把反思与行动分开的必要性"③。不过，这种差异仍然不是根本性的，近年来的一系列科学哲学研究表明，自然科学的实验也并未帮助自然科学彻底摆脱主观反思，甚至越来越多的研究结果让我们认识到彻底摆脱反思是不可能的。由此我们可以说，实验的困难并不构成对教育学之科学性的根本阻碍，甚至我们还可以进一步追问：实验的方法是否是获取或验证知识的唯一方法？在长时间的社会实践中，教育学知识以及其他社会科学知识仍然是可以在实践中得到验证的。

诚然，曼齐（Jim Manzi）的研究已经证明，变量的复杂性和不可控性等特

---

① 弗拉森. 科学的形象 [M]. 郑祥福, 译. 上海：上海译文出版社, 2005：4.
② 同①94.
③ Peter Bowler, John Pickstone. The Cambridge History of Science：Vol. 7 [M]. Cambridge：Cambridge University Press, 2003：81.

性，决定了包括经济学和社会学等在内的所有社会科学的"科学性"在目前都仍然是相当有限的。曼齐认为："非实验性的社会科学目前还没有能力对绝大多数计划进行的政策干预的效应做出有用、可信且非显而易见的预测"；"承认这种不可靠性，要求我们依赖大量非结构化（unstructured）的试误过程"[1]。教育学乃至社会科学在预测方面的能力目前的确仍然无法与自然科学的很多学科相比拟，但混沌理论和复杂性理论等证明自然科学的预测也并非绝对可靠，两者的区别仍然只是量的而非质的区别，即便是就自然科学而言，"人们可以很容易地证明，从任何有限数量的事实中不可能合法地推出一条自然定律；但我们仍然不断地获悉由事实证明的科学理论"[2]。随着大数据时代的到来，教育学和社会科学等其他学科知识的可验证性，以及其预测的能力，或许将获得突破性的进展。

1.2 艺术抑或科学？

"每一种关于科学的元研究（无论是关于一般意义上的科学，或是区别于自然科学的社会科学，抑或是专门关于自然科学或社会科学学科群的元研究），都包含着一些关于科学的或非科学的话语之间关系的观念。"[3] 关于教育学的元研究，同样也包含着这样一类的观念，这本身应是意料之中的事情。

在教育学界，一种常见的说法就是教育是一门艺术而非一门科学。教育所面对的人之发展变化极其复杂，因而教育者的技艺有时甚至比其教育学知识发挥的作用还要大。有人由此推导出教育学由于教育现象的复杂性而难以甚至不应该成为科学的结论。这种观点混淆了两种不同的事实，即教育活动与教育学。教育活动可以有技艺，教育学研究活动本身也有技艺，甚至所有科学研究活动

---

[1] Jim Manzi. Uncontrolled: The Surprising Payoff of Trial-and-Error for Business, Politics, and Society [M]. New York: Basic Books, 2012: xvi - xvii.
[2] 拉卡托斯. 科学研究纲领方法论 [M]. 兰征，译. 上海：上海译文出版社，2005: 3.
[3] William Outhwaite. Concept Formation in Social Science [M]. Boston: Routledge & Kegan Paul Ltd., 1983: 51.

中都存在技艺问题，但活动中存在技艺问题与学科本身是否只是一种技艺并非一回事。

科学和艺术常被相提并论，甚至自然科学界也常常称其研究中充满艺术，但为什么这里的"艺术"并没有在自然科学中导致混淆？关键就在于自然科学在这里将"艺术"严格地限定为其研究活动和成果表达的技艺，包括其研究对象和成果表达形式本身给人的美感，而并未涉及自然科学本身，特别是从不涉及其研究方法、研究范式和学科逻辑。然而，教育学领域普遍存在着将"教育学"或"教育科学"与"教育"本身混为一谈的问题，人们似乎不太在意一种教育现象与关于这种教育现象的知识之间的分别，如，这一领域可以出现用"比较教育"来指称一种对教育现象进行跨国和跨文化比较研究的知识体系，似乎它是多种教育中的一种"比较的"教育，让人仅凭名称根本弄不清它到底是一种教育现象还是一个教育研究领域或教育学科。同样，在这个领域里，诸如"德育"这样的名称，它既可以指一种以提高人的道德素养为直接目的的教育活动，又可以作为关于这种教育活动的知识体系而出现在教育科学的知识类目之中。因此，当有人说"教育是一门艺术"时，这句话既可以理解为教育活动需要技艺，也可以理解为教育学本身只是经验性技艺的总结。遗憾的是，在教育学界，这两种理解似乎是被混在一起而同时接受了。

教育的技艺问题在教育学的形成和发展过程中的确占据着重要位置，在其他学科领域也可见到相似的情形，但技艺问题绝不是全部甚至不是最重要的问题，科学理论的产生本身就是要超越一般技艺问题而在更高思维水平上来探讨问题，它要追寻更高水平的认识。"普通思维并不为纯认识目的服务，因此有许多缺点，来源于普通思维的科学思维开始时也不免具有这些缺点。科学思维是逐渐缓慢地摆脱了这些缺点的。"[①] 在一定意义上可以说，正是对教育技艺本身的追寻，以及由这种追寻而展开的科学研究，才直接导致了作为科学的教育学的产生，但作为科学的教育学的产生，其目的恰好在于超越一般经验而在更高水平上追寻教育的技艺。技艺的问题往往是具体的和个案性的，它可以在经验

---

① 马赫. 认识与谬误 [M]. 洪佩郁, 译. 北京：北京联合出版公司, 2014：2.

的基础上通过普通的思维加以解决,科学的问题则具有更强的抽象性和普遍性,须在科学思维的水平上凭借理性和逻辑来加以解决,否则我们永远都不可能认识到太阳其实并非在绕着地球运动。在这个问题上,就对作为研究对象的教育现象进行研究的过程与结果来说是如此,就教育科学研究活动本身来说也是如此。在教育学发展到一定水平之后,对关于教育的科学研究之技艺的追求,又引导我们对教育学本身进行反思,即进行教育学的元研究。同样,教育学元研究的目的仍然在于把教育科学的研究提升到一个更高的思维水平。用教育艺术来否定教育学的科学化,其实质是在用思维的初级阶段来否定思维的高级阶段,在逻辑上显然不可能成立。

在教育学界,还有人从所谓捍卫人文的角度反对教育学的科学化。倡导科学与人文的辩证统一当然没有问题,但若因此而否认教育学科学化的可能性,认为教育学不应该科学化,其本身就违背了它自身立论的逻辑基础。随着复杂性理论和量子理论的出现,又有人提出教育学是"软"科学,不适合做精密的定量研究,进而由此推导出在教育领域里艺术性压倒科学性的结论。这种观点显然犯了偷换概念的简单逻辑错误,因为这里所谓的"软""定性""非精密"等,仍然是在科学的范畴内说的。在某些情况下,正如瓦托夫斯基(Marx W. Wartofsky)所言,"提出了'硬'科学和'软'科学、'精密'科学和'非精密'科学、'定量'科学和'定性'科学的区分,通常是为了贬低'软'、'非精密'和'定性'的科学。这是一些方法论的问题,但它们的解决并不在于简单地坚持这门或那门科学内的这个或那个范式,也不出于捍卫某个部门的忠诚。相反,这在于对人类科学的特征概念和程序做出分析,在于具体明确地判断,在给定的学科内,方法对于研究课题的合适性"[1]。这里只有不同的工具适合不同的科学研究的问题,不存在科学和非科学的差别。

教育艺术与教育学的科学化并不矛盾,相反,教育学的科学化最终正是要把教育的艺术推到一个更高的水平,但这个推高须通过科学化的过程来加以实现,而绝不可能通过对其科学化的否定来实现。

---

[1] 瓦托夫斯基. 科学思想的概念基础 [M]. 范岱年,等译. 北京:求实出版社,1989:495.

1.3 科学化与价值问题

教育学的科学化必然要面对的另一个重要问题就是价值问题。在教育学界，有人以教育的内容须包括道德等价值问题来证明教育学不应追求价值中立。这种观点忘记了教育面对的真理和作为一门科学的教育学所面对的真理其实并不是一回事。教育的内容必然包含某些价值，但这并不意味着教育学因此就不能价值中立。教育学要真正实现其价值，就应该在其研究中努力做到价值中立，因为科学最重要的价值就体现在它能以价值中立的态度面对事实。排斥主观性和保持价值中立是科学实现其价值的基础。

一门学科"作为科学"意味着它是以经验事实为基础的，这里的"经验事实"实际上也包括了作为一种主观经验的价值本身。一旦价值成为科学的对象，它在逻辑上便已被转换成了一种经验事实。科学的任务就是要在经验事实的基础上来验证假设和揭示真理，即所谓"实事求是"。教育学所面对的经验事实，就是人的社会活动对人的身心发展之影响，亦即教育现象本身。作为一门科学，教育学只关心对这些经验事实的描述、分析、解释和揭示，包括对人的教育活动包含的价值内容的描述、分析、解释和揭示，但它的描述、分析、解释和揭示却必须是客观中立的，在教育学研究的每一环节都须处处严防主观的歪曲，包括严防研究者自身价值立场对研究结论的不适当影响。

同样作为人类社会中的事实，科学的问题与价值的问题有着根本性质的区别。面对同样的事实，在科学问题上，决定对与错的是其真假；而在价值问题上，决定对与错的却是评判者的立场。这种性质的区别决定了这两类问题证明过程的不同。价值问题的证明过程是从某一价值判断出发的逻辑推导过程，人类社会历史中的经验事实在价值问题的证明过程中只能作为某种佐证，且同样的事实却可以为不同的甚至截然相反的价值问题提供支持，关键就在于证明者站在什么样的价值立场上来解释这些事实；而科学问题的证明过程实际上也就是经验事实的描述、分析、解释和揭示过程，尽管这个过程可能是无止境的，也就是说我们可能无法找到那个在决定论意义上永久有效的最终的事实，但科学研究的任务从来都是不断探寻事实真相。因此，波普尔（Karl Popper，亦译波珀）提出以可证伪性作为科学命题的重要特性。他认为，"我不应要求科学体系能在肯定的意义上被一劳永逸地挑选出来；但我应要求它的逻辑形式能在否定的意义上借助经验检验的方法被挑选出来：对一个经验的科学体系来说，它必须有可能被经验驳倒"①。波普尔并非完全否认科学真理的客观性，而不过是指出了这种客观性的相对性，一个主观的、纯粹价值的问题，是不能被客观的经验事实驳倒的，因为同样的经验事实却可以有完全不同的价值阐释。

根据著名的"迪昂-蒯因命题"（Duhem-Quien Thesis），对所有的科学来说，可证伪性都无法在绝对中立的语境中有效，因为"我们各自的信念体系严重地影响着我们对相关证据的认可，接着，就会严重影响到谁认为理论可证伪或不可证伪的观点"②。蒯因指出，"我认为我们关于外在世界的陈述不是个别的，而仅仅是作为一个整体来面对感觉经验的法庭的"，"在任何情况下任何陈述都可以认为是真的，如果我们在系统的其他部分做出足够剧烈的调整的话，即使一个很靠近外围的陈述面对着顽强不屈的经验，也可以借口发生幻觉或者修改被称为逻辑规律的那一类的某些陈述而被认为是真的。反之，由于同样的原因，没有任何陈述是免受修改的"③。从这个角度说，所有科学的可证伪性都不是绝对的，教育科学自然也不例外，但这并不妨碍我们把可证伪性当作科学的一个特征，因为构成一个体系的一组科学假设仍是具有可证伪性的。和所有科学一样，虽然教育学的科学研究对价值中立的追求并不说明它全然是价值无涉的，但它却必须通过这样的追求来达成其科学化。

当然，教育本身是应该、必须且必然有价值的，它要保障自己培养出来的人在道德上符合社会的要求，但这并不意味着教育学不应追求价值中立；相反，即便是在认识教育的价值时，教育学也应该、必须且可能排斥主观价值立场的

---

① Karl Popper. The Logic of Scientific Discovery [M]. London: Routledge, 2002: 18.
② 德威特. 世界观：科学史与科学哲学导论 [M]. 李跃乾, 张新, 译. 北京：电子工业出版社, 2014: 70.
③ 蒯因. 从逻辑的观点看 [M]. 江天骥, 等译. 上海：上海译文出版社, 1987: 40-41.

影响，以保证其对教育价值的认识符合事实因而客观、可信。教育的确要保障所培养的人在道德上符合社会的要求，但不同的社会对其成员却有着不同的价值要求。研究社会对人的道德要求应当是伦理学的任务，教育学在这一领域的任务是揭示人类社会活动对人的道德发展的影响，包括揭示影响人价值观发展的有效方式，而不是探讨价值问题本身。教育活动涉及价值问题决定了教育学对教育活动的描述、分析、解释和揭示也会涉及价值问题，但我们切不可因此便否认教育学对价值中立追求的必要性。我们必须认识到，"因为科学活动是一种极为丰富和复杂的文化现象，所以，对科学的解释必定是和有关科学说明、概念性承诺、模态语言以及其他种种的辅助性理论相伴随的。但是，它必须坚决彻底地拒绝用那种超越实际的、可观察的实在的真理来说明自然界中可观察过程的规律性的要求，这种要求在科学研究事业中不起任何作用"[1]。默顿（Robert Merton）强调科学家须接受"无私利性"规范的制约以保障其研究及表述的客观性。在教育研究过程中排斥价值并不能归结为对教育事实中涉及价值的否认，而是要将这些价值问题本身也作为一个"无私利性"的事实来探讨。

　　教育学面对的价值问题和教育学本身的社会价值是另一对容易混淆的问题。教育学的确要研究不同社会意识形态下的教育现象，但不能因此就认为存在着分属不同社会意识形态的教育学。科学都是面对事实的，因此，正如化学不存在社会主义化学和资本主义化学一样，教育学也没有这样的区别。把教育学本身的社会价值混同于教育学面对的价值问题，使教育学的研究长期以来多是跟在教育和社会发展的后面亦步亦趋，而鲜能预测和引领教育与社会的变革和发展。"科学的文化价值对历史的贡献超乎所需，这超出的部分正好就是将科学的文化价值从一般的纯粹形式的价值意识的价值中区别出来的那部分：真理的价值使我们对历史的意志过程做出直接的价值判断成为可能。"[2] 唯有把教育学探究蕴藏于事实之中的真理的科学认识功能真正充分发挥出来，它才能超越当下的社会需要而对未来的社会和教育的发展做出预测和引领。我们必须认识到，

---

[1] 弗拉森.科学的形象［M］.郑祥福，译.上海：上海译文出版社，2005：256.
[2] Heinrich Rickert. The Limits of Concept Formation in Natural Science：A Logical Introduction to the Historical Sciences［M］. Cambridge：Cambridge University Press，1986：233.

"科学的价值并不是成为科学所探索的事实的一部分，而是成为科学本身的一个组成部分，也就是说，是科学的过程和科学的合理性的一个特性"[1]。教育学应当选择有价值的问题进行研究，但我们绝不能因此就否认它作为科学而必须具备的价值中立的可能性。

正如美国哥伦比亚大学社会学教授林德（Robert S. Lynd）所说的那样："社会科学家要远避所有关涉价值的声明，他的价值立场与他在其专业研究中所做的东西的价值不是一回事儿，这两者常被混淆。在最初选择'有意义的''重要的'研究问题时，价值可以并确是得到了适当且必需的应用。在这以后，它们就不应再被用来影响他对数据的分析和对数据本来意义的阐释。"[2] 教育学要成为科学，就应该且必须排斥价值问题等无法证明或者证伪的问题，把价值问题交给伦理学等相关学科去处理。教育学可以应用包括伦理学在内的各学科研究成果，但它既没有必要也不应该包办所有相关学科的任务。

1.4　赫尔巴特科学化努力的失误

教育学界一般都认同赫尔巴特（Johann Friedrich Herbart）是科学教育学的奠基人，在一定意义上这无疑是正确的。不过，还有另一个更加重要的方面却常常被我们无意间忽视了，那就是反思先贤们的失误或局限，从而发现教育学尚未科学化的内在原因，探索教育学作为科学从可能、应该到实践的路径。

我们把赫尔巴特看作科学教育学之父，主要依据就是他把当时实验心理学的最新研究成果引入了教育学，并据此提出了系统的现代教育学理论。回顾历史可以看出，当时心理学在对人的研究中所取得的一系列新成果，的确启发和激发了赫尔巴特尝试提出新的教育学研究纲领，但他的追随者们却把注意力主要放在了心理学所揭示的新颖事实上，并没有放在赫尔巴特研究纲领的完善、

---

[1] 瓦托夫斯基. 科学思想的概念基础[M]. 范岱年，等译. 北京：求实出版社，1989：549.

[2] Robert S. Lynd. Knowledge for What? The Place of Social Science in American Culture [M]. Princeton: Princeton University Press, 1948: 183.

发展、贯彻、批判乃至变革上。在一定意义上可以说，这是教育学发展史上的一场未完成的科学革命，因为真正的科学革命不只是新事实的发现及其概括，"科学革命在于一个研究纲领取代（在进步中超过）另一个研究纲领"①。对教育学自赫尔巴特以来的发展历程稍做分析就不难发现，我们的教育学更多只是借用了心理学提供的既成知识，有些教育学者甚至还提出要追求教育学的心理学化这类似乎要让教育学消解于心理学或别的学科的怪异目标，却未能成功地借心理学这一外力的刺激建立和完善一个能够真正引领教育学自身不断科学化的新的"研究纲领"。

拉卡托斯（Imre Lakatos）说："一切科学研究纲领都在其'硬核'上有明显区别。"②分析一下赫尔巴特教育学理论中那些可以算作被拉卡托斯称为"硬核"的内容，如果剔除"观念""统觉"等实际上应归属于心理学的理论内容，仅就其纯粹的教育学思想而言，我们会发现，在构成赫尔巴特教育学理论体系的管理论、教授论和训育论三个部分中，并没有太多真正超越了康德的东西，尤其是在研究范式上并没有实现对康德的超越。在他的《普通教育学》中，基于实践哲学的教育目的论与基于心理学的教育手段论是相分离的，"严格地说，他的整个教育学都是建立在实践哲学的基础上的"③，因而就教育学科的发展阶段来说，他和康德都处于同样的范式之中，甚至也没有真正超越夸美纽斯。冯特（Wilhelm Wundt）把生理学研究的新成果引入心理学，同时把生理学实验的方法引入心理学研究，实现了心理学研究范式的重大革新。相比之下，赫尔巴特更多的只是把心理学研究的一些新知识介绍进了教育学，却没有在此基础上提出能够推动教育学研究范式发生根本变革的研究纲领。作为心理学家，赫尔巴特提出了把心理学建立在形而上学、数学和经验的基础之上，而作为教育学家，他认为教育学是以心理学和主要研究伦理的实践哲学为基础的，但他同时又强调"教育的唯一工作与全部工作可以总结在这一概念之中——道德"④，

---

① 拉卡托斯. 科学研究纲领方法论 [M]. 兰征，译. 上海：上海译文出版社，2005：140.
② 同①67.
③ 唐莹. 元教育学 [M]. 北京：人民教育出版社，2002：49.
④ 赫尔巴特. 论世界美的启示为教育的主要工作 [M] // 张焕庭. 西方资产阶级教育论著选. 北京：人民教育出版社，1964：249-250.

这就决定了他的教育学仍然未能摆脱旧的形而上学的研究范式。

实际上，在赫尔巴特 1806 年出版他的《普通教育学》之前三年，即 1803 年，康德在其《论教育学》中提出的"理性"和"实验"两大思想，倒是为教育学突破夸美纽斯及其之前的旧范式奠定了重要的思想基础。康德不满足于夸美纽斯的"教育艺术"，他明确强调"教育艺术中机械性的东西必须被转变成科学"，并且认为在理性的判断之外"教育也要靠实验"[①]。不过，康德"并没有提出经验检验的规范，没有跨入培根（Francis Bacon）所倡导的科学经验论的范畴中去"[②]。就此而言，教育学的科学化步伐从一开始就落后于社会学乃至社会科学其他众多学科了。

较康德稍晚，赫尔巴特在教育学领域又发动了一场不够彻底的科学革命，在这场科学革命中，教育学从心理学那里获得了很多新知识，却没有由此成功地建立和完善一种新的范式。造成教育学科学化半途而废的原因之一，就是赫尔巴特和他的追随者们把自己研究的目的一直主要局限于试图解决教学过程中的具体问题，而不是寻求对教育现象的科学解释，他们的兴趣主要在教育领域的技术问题上而不是在科学问题上。然而，科学问题的解决往往是真正解决技术问题的前提和基础，也是真正实现康德建立一门独立的教育学这一伟大设想的前提和基础。赫尔巴特的后继者齐勒尔（Tursken Ziller）、赖因（Wilhem Rein）等人，主要对赫尔巴特理论三大组成部分中的教授论不断地发扬光大，他们进一步把教育学拖回了"教授术"的窠臼。赫尔巴特学派运动在美国的代表人物德加缪（Charles deGarmo）和麦克默里（Frank Morton McMurry）等的《方法要素》和《一般方法要素》，关注的仍然是教学方法，而少有对社会中的教育现象以及教育学本身的反思。由于这一主要原因，赫尔巴特运动的确在相当程度上推动了教育活动，尤其是发生在学校课堂中的教学活动的科学化，但是在推动教育学的科学化方面，除了学校教育实验特别是教学实验的展开之外，在学科理论上却建树颇少。

---

① 康德.论教育学[M].赵鹏，何兆武，译.上海：上海人民出版社，2005：8.
② 唐莹.元教育学[M].北京：人民教育出版社，2002：46.

以库恩的理论来看，科学是以"科学革命"和"常规科学"交替发展的模式不断向前推进的。在赫尔巴特发动的不彻底的科学革命之后，教育学的常规科学发展主要是在赫尔巴特教育学三大组成部分之一的教授论领域展开的。因此，教育学逐步发展成为一门主要关注发生在教室内的教授活动的学科，我们或许只能称之为"教授学"或"教学学"，而不再是名副其实的"教育学"。问题是这门"教授学"并没有真正作为一门独立的科学在发展，而是仍然作为教育学的"常规科学"在发展，因而它也没有建立作为独立的教授学的研究范式和研究纲领，也不可能作为一门独立的学科而实现真正的科学化。当然，完整的教育学要实现其科学化就成了更不可能在这一过程中发生的事情了。

考虑到教育学所面对的问题的复杂性，以及赫尔巴特所处时代的局限性，赫尔巴特发动的教育学的科学革命之不彻底性是可以理解的。要知道，在科学发展过程中，我们不可能完全脱离原有概念体系来新创立一个概念，因为"仅当我们能把 x 置于关于其他事物例如 y 和 z 的概念的连锁模式中，我们才有 x 的解释。完全新颖的解释是一种逻辑的不可能性，是不可理解的"[1]。赫尔巴特对教育的理解，也不能脱离他当时所面对的教育学理论体系以及这一理论体系的发展环境。一方面，教育学所面对问题的复杂性几乎超过了自然科学以及社会科学的其他学科，它不仅要像社会学那样面对人的社会活动这种复杂社会现象，还要进一步揭示这些社会活动对人的生长发展的影响，后者的复杂性甚至还要远远超过前者。当时，关于社会和人自身的知识还不足以支持赫尔巴特在教育学领域发动一场真正的科学革命。另一方面，受班级授课制及后来学校教育迅速兴起这一历史背景的影响，从夸美纽斯到康德和赫尔巴特，人们对教育现象的理解主要聚焦于学校，较少有人从整个社会生活的角度来全面地理解教育现象，因此，教育学还不太可能建立一个涵盖所有教育现象的核心概念体系，也不太可能以这样的概念体系为"硬核"来建立一个新的研究纲领。无论是就社会发展还是就学科发展来说，在那样的历史条件下，教育学还没有足够的实

---

[1] 汉森. 发现的模式：对科学的概念基础的探究 [M]. 邢新力，周沛，译. 北京：中国国际广播出版社，1988：59.

力摆脱形而上学的研究范式。

然而，正如弗拉森所说的那样，"任何科学理论都会面临强烈的竞争，这场竞争是非常残酷的。只有成功的理论——那些事实上理解了自然现实规律性的理论——才能幸存下来"①。从世界范围来看，教育学的发展已经陷入了严重的危机。教育学要取得突破性进展，需要发动一场科学革命。要发动一场科学革命，必须提出一个新的科学研究纲领，其中最重要的就是对作为教育学研究对象的"教育"的新理解，即一个真正周延的教育概念。《学会生存》的发表或许可以表明，这一时刻已经或者行将到来，其对教育概念的理解已经涨破了"教授论"的框架，完成了向覆盖"完整的人"的生长发展的教育概念的回归。这意味着，教育学作为一门社会科学，其任务就是要研究人们的各类社会活动对其生长发展的影响。在此认识基础上，教育学可以明确地将作为一种社会现象的教育，即影响人的生长发展的社会活动，当作自己的研究对象，并在此基础上提出新的一系列核心概念，进而提出新的研究纲领。在这一过程中，教育学还面临着重要的发展任务，即重建概念、方法与逻辑。

1.5　科学化的三大任务：概念、方法与逻辑

康德曾经说过："任何一种学说，如果它可以成为一个系统，即成为一个按照原则而整理好的知识整体的话，就叫做科学。"②也就是说，科学是通过理性的论证把一系列证明为真的陈述按照一定的方法或程序联系成一个逻辑上能够自洽的观念体系。教育学要实现科学化，至少须做好三个方面的工作：一是以经验事实为基础，建立一系列能够构成其新的研究纲领之"硬核"的基本概念体系；二是确立一整套论证方法，从而能够确实可信地证明那些能够支持其"硬核"的理论陈述；三是形成一系列严密清晰的思维规则，能够围绕其"硬

---

① 弗拉森. 科学的形象 [M]. 郑祥福, 译. 上海：上海译文出版社, 2005：52.
② 康德. 自然科学的形而上学基础 [M]. 邓晓芒, 译. 北京：生活·读书·新知三联书店, 1988：2.

核"把这些理论陈述联系起来组成一个逻辑自洽的理论体系。

正如瓦托夫斯基所论述的那样，在从前科学的认识经过常识到科学的发展过程中，概念和概念的批判起到了关键性的作用。他还特别以"运动"概念为例，证明"对概念的理性分析因而直接影响着概念的运用"[①]。教育学要真正成为一门科学，建立一个清晰明确的核心概念体系十分重要。如果我们连"教育"这一最基本的概念都必须弄出一个广义定义和一个狭义定义来，那我们对教育学的科学性，甚至对其更为基本的逻辑性，恐怕就难有一个较高的期望。从哲学角度来说，"教育"概念的广义和狭义之分本身就说明了我们还没有真正把握教育这一现象的"质的规定性"。我们很难想象物理学有广义的"原子"和狭义的"原子"，化学有广义的"酸"和狭义的"酸"，因为那必然导致科学理论体系因陷入基本概念的混乱而崩溃。

在概念、方法与逻辑这三方面的工作中，以经验事实为基础的概念研究最为关键。德国学者布列钦卡（Wolfgang Brezinka）曾尝试通过对教育学基本概念的清理来探讨教育学的科学化。他把既存的教育学分为实践教育学、教育哲学和科学教育学三种，认为"教育科学的理论基础框架在很大程度上来源于实践教育学……实践教育学的专业用语或专业术语又均来源于口语或日常语言……其缺陷主要有二：一是多义，二是含糊不清"[②]。在布列钦卡看来，这是教育学科学化的重要障碍。然而，虽然认识到了科学教育学的研究对象是"教育事实"，但布列钦卡选择的仍是一条从概念到概念的清障之路。他就教育学基本概念展开的几乎所有辨析，都建立在既有概念和概念体系基础之上，而不是建立在关于"教育事实"的观察和经验研究基础之上。问题是，如果离开了对经验事实研究的验证，当我们借概念 B 和概念 C 构成的语境来分析和确定概念 A 的内涵与外延时，又如何保证我们对概念 B 和 C 的内涵与外延的把握是正确的呢？也正因为这一根本局限，布列钦卡从清晰严谨的逻辑思辨开始，最终却陷入了无法挣脱的循环的概念纠缠。这再次说明，我们必须首先跳出抽象的概

---

① 瓦托夫斯基. 科学思想的概念基础 [M]. 范岱年，等译. 北京：求实出版社，1989：624.
② 布列钦卡. 教育科学的基本概念：分析、批判和建议 [M]. 胡劲松，译. 上海：华东师范大学出版社，2001：11.

念系统，真正对作为人类学事实存在于社会生活中的教育现象进行整理、分析和研究，这才是教育学科学化进程中至关重要的一步。

在教育学核心概念体系的建立过程中，我们必须首先认识到，概念化的实质不在于定义，也不在于对这些定义展开脱离经验事实的纯粹观念上的争辩，而在于对相应的经验事实的分类。科学是要运用概念来把作为其研究对象的客观现象进行分类，而不是简单地通过主观描述来对客观现象进行无事实基础的强行命名。跳过艰苦的事实研究而直接用主观的定义来代替对教育现象的科学界定，这是不少教育学研究者们经常采用的偷懒做法。对教育现象的类型学和谱系学研究，一直是教育学研究领域最薄弱的环节。

"确实，如果不参照分类学，即对其所解释之'事实'的分类，一个解释型的理论就无法建立起来……很简单，除非研究者们能够把他们正在讨论的存在物一一鉴别开来，否则他们之间不含糊的交流就是不可能的。"[①] 教育学要成为一门科学，我们首先应该做的一门功课就是对作为经验事实存在于人类社会中的各类教育现象进行科学的采集、整理、分类，进而厘清它们相互之间的联系与区别，描述其各自的内涵、外延及其相互之间的谱系关系，并在此基础上建立教育学的基本概念体系。只有建立在坚实的经验事实研究基础之上的概念体系，才有可能为教育学奠定真正科学的概念基础。

作为一种方法的分析哲学在概念化过程中的确有其独特的价值，在精确地阐释教育学各种理论陈述所包含的意义、确证教育理论的逻辑可靠性等方面，分析哲学的方法也有特别重要的特殊意义。布列钦卡关于教育科学基本概念的研究，对清理概念的内涵及不同概念之间的逻辑关系、精确地厘清教育学理论陈述的确切意义等，无疑具有重要的作用，因为语言和思想的确是紧密联系在一起的，"当一个人放下了马克思主义的文本而捡起了功能主义的或民俗学方法论的文本，我们很容易相信这个人已经从一个语言世界转移到了另一个语言世

---

① John Ziman. Real Science: What It Is, and What It Means [M]. Cambridge: Cambridge University Press, 2000: 119.

界……问题的背后是语言在科学思想中之中心的、根深蒂固的作用"[1]。就清理思想本身而言，布列钦卡的逻辑操作不仅是有用的，而且是必要的。含混的概念的确是教育学科学化不可回避的一个重要问题。"一种话语要想获得完整的科学地位，就必须提出毫不含糊的标准，以确定哪些陈述形态在其中是允许的，并划定自身与其他话语之间的边界。"[2] 教育学要成为一门科学，通过概念分析获得精确的意义的确是一项必要的工作，但我们应当同时看到这种方法之有效性的阈限，即限定在语词领域的操作不能解决关于经验事实的问题。这种方法应当仅仅作为一种概念澄清的辅助工具，而不是据此形成概念。概念的形成逻辑是从感性到理性、从具体到抽象，而不是从理性到理性、从概念到概念。所有科学概念的形成必须建立在坚实的经验事实研究基础之上，尽管这条道路较之概念分析要更加艰难。

要保障从感性到理性的概念形成过程的科学性，离不开科学方法和关于科学方法论的探讨。在一定意义上如齐曼所言，"科学知识被认为只不过是经过仔细汇编的关于自然世界无数独立探索的整合描述。这些探索的特定主题和实施这些探索的特定方式，使得这些探索是'科学的'"[3]。教育学要保证自己提供给人们的知识是科学知识，它首先必须做的就是面对事实本身展开关于人的社会活动对人自身生长发展之影响的研究，而要保证它关于这类活动的观察、描述和探索是"科学的"，就必须在研究中遵循一定的规则和方法以保证其描述的客观可靠。在所有的科学研究活动中，观察都是由某个或某些个体执行的。为了使这些观察的结果具有公共性，就必须把个体性从观察的结果中清除出去。"完全清除它们（个体性的影响。——引者注）在逻辑上是不可能的，但科学的成功取决于在实践中把它们最小化，进而构造（fudging）出这种逻辑。因此，

---

[1] William Outhwaite. Concept Formation in Social Science [M]. Boston：Routledge & Kegan Paul Ltd.，1983：27.

[2] Peter Wagner. A History and Theory of the Social Sciences：Not All That Is Solid Melts into Air [M]. London：Sage Publications Ltd.，2001：19.

[3] John Ziman. Real Science：What It Is，and What It Means [M]. Cambridge：Cambridge University Press，2000：5.

在科学的每一分支中，都有一些精细的程序用以减少主观性在经验研究中的影响。"[1] 教育学要通过建立这样一些"精细的程序"来实现方法的科学化，进而运用这些方法严格地按照这些精细的程序来开展研究。

论及方法的科学化，我们必须认识到，方法的科学化不等于数量化，也与物理学化或自然科学化不是一回事。在所有科学的领域，我们很难认定唯有某一类方法才是科学的方法，因为这类认定本身就是违背科学精神的，其结果除了导致方法论神话外并无其他积极的作用。"科学不应受到教条的限制，而且不管何种教条。科学是自由的。这一思想的意思是，在科学中，只要对问题的回答方式是论证性的，是按照一定的系统的方法取得的，那么对原因的提问、对现象的解释以及对问题的解决办法就不应该受到任何限制与损害。"[2] 无论是在自然科学领域还是在社会科学领域，判断一种方法是否科学，还是要看它在具体的研究过程中帮助我们发现真理的信度和效度，而这种信度和效度可以在相关事实中得到检验。在这里，理论的可检验性不是指技术上检验的可能性，而是指理论能否导出可进行经验验证的陈述。理论可行性的要素除了理论自身的逻辑可行性与可验证性外，关键在于它的解释经验事实的能力，而逻辑可行性与可验证性只是解释力的必要前提。一般地说，科学家考察理论的可行性，首要的是关注理论对经验事实的解释能力[3]。科学的方法是保障我们教育研究的科学性的手段，却并非判断其科学性的最后标准。一种教育理论是否科学，最终还是要看它对教育现象的解释力，方法本身不应成为判别科学与否的终极标准。

罗素（Bertrand Russell）曾形象地说，"逻辑是数学的少年时代，数学是逻辑的成年时代"[4]，这里没有明确的界限。认识到这一点我们就很容易理解，在科学领域里，方法数量化的实质和根本目的是逻辑化，它是实现逻辑化的重要途径之一，理性和逻辑才是科学最重要的内核。"科学所关心的是发展一种对世界的观念，这种观念对我们的经验具有一种清晰的、逻辑上的意义并从而能

---

[1] John Ziman. Real Science: What It Is, and What It Means [M]. Cambridge: Cambridge University Press, 2000: 87.
[2] 波塞尔. 科学：什么是科学 [M]. 李文潮, 译. 上海：上海三联书店, 2002: 245.
[3] 张大松. 科学确证的逻辑方法与方法论 [M]. 武汉：武汉出版社, 1999: 226.
[4] 罗素. 数理哲学导论 [M]. 晏成书, 译. 北京：商务印书馆, 1982: 182.

够经受客观的检验。"① 逻辑性是教育科学，尤其是在缺乏实证学术传统中的教育科学需要特别加强的。实际上，在那些缺乏实证学术传统的教育科学成果中，大量反思性的理论研究在逻辑上也同样缺乏信度和效度，其中很多结论其实没有经过令人信服的论证，而仅仅是建立在"我认为"的基础之上，因为根本问题不在于其缺乏对实证方法的应用，而在于其缺乏实证精神，即一种寻求将知识建立在确实可信的基础之上的科学精神。无论运用什么样的研究方法，我们皆须努力保证研究的结论是从客观事实或业已被证明、已获公认的前提出发，通过严格遵循逻辑的证明过程而得出的。教育科学的证明过程须遵循反映思维规律的逻辑，这本来无须太多的论证。

由于其面对问题的复杂性，教育学以及社会科学其他学科都无法做到像自然科学那样充分地数量化，但在遵循逻辑以保障科学理性这一水平上我们仍有努力的空间。

"解释依赖于一定的条件。这些条件是无法完全被满足的。正因为这样，恰恰力争满足这些条件才构成了科学思维中的一个非常基本的规范性要求。"② 正是这样的基本的规范性要求，才能保障我们的教育学不断朝科学化的方向发展，而不是相反。要做到这一点，我们就应该按照理性和逻辑的原则，建立并不断完善教育学研究必须遵循的一系列学术规范，进而在此基础上建构能影响和约束科学共同体的学术文化。"实际上，学院科学（academic science）是一种文化。它是一种复杂的生活方式，这种生活方式产生于'享有共同传统的一群人'，并被这一人群的成员们传承和强化。"③ 默顿 1942 年曾提出用有限的几条"规范"来概括描述这种共同文化。他所说的"规范"更多是一种科学的传统而不是某种道德准则，是学术共同体成员自然要遵守的而不是从外部强加的。也就是说，如果这样的文化被建构出来，那么只有符合这种文化要求的研究才会被视为一种科学研究，否则，其科学性就可能会受到普遍质疑。

---

① 亨佩尔. 自然科学的哲学 [M]. 陈维杭，译. 上海：上海科学技术出版社，1986：53.
② 波塞尔. 科学：什么是科学 [M]. 李文潮，译. 上海：上海三联书店，2002：54.
③ John Ziman. Real Science: What It Is, and What It Means [M]. Cambridge: Cambridge University Press, 2000: 24.

在科学性的问题上，教育学长期以来并且目前仍然无法在自然科学乃至社会科学其他兄弟学科面前抬起头来。它的研究对象是永远包含着主观性的活生生的人，这本身似乎就已决定了它不可能成为真正意义上的科学。很多科学家都以不屑一顾的态度面对教育学努力实现其科学化的挣扎，然而，正如马赫（Ernst Mach）所说的那样，"如果自然科学家重新认识到科学家的有意识的心理活动就是动物和人在自然生活和文化生活中日常进行的那种本能活动的一种方法上提炼了的、激化和精致化了的特殊状态，那么他就应该感到满足了"①。实际上，教育学成为一门科学的可能性与其他科学没有本质上的差异。

那种把教育学归结为所谓"人文学科"甚至"艺术"的观点，是逃避责任的怯懦想法。教育学作为科学不仅是应该的，而且是可能的。它与社会科学乃至自然科学在发现的逻辑上存在着内在的连续性和一致性，其间的区别仅在于研究对象的复杂性程度不同。作为教育学研究者，我们应当借鉴其他科学特别是社会科学其他学科的思想和方法，勇敢地选择从最艰难且最基础的工作做起，即通过以科学的方法对作为经验事实存在于人类社会中的各类教育现象进行分析研究，并且按照严密的逻辑来建构教育学理论，从而逐步推动这门学科的科学化进程。

---

① 马赫. 认识与谬误 [M]. 洪佩郁, 译. 北京：北京联合出版公司, 2014：前言 1.

2

教育现象的分类：科学化的基础工作

2.1 分类的科学化意义
2.2 科学分类的基本思路
2.3 教育现象进化树：初步尝试

教育学的科学化已经成为关涉本学科生死存亡的一个迫在眉睫的任务。教育现象的科学分类是建立科学的"教育"概念的逻辑前提，是教育学的科学化无法回避的基础工作和必由之路。在包括教育学研究在内的所有社会科学研究过程中，"分类可以说是我们最为核心的和最为普通的概念操作之一。它不仅是概念化、语言和言语的基础，而且通常也是数学、统计和数据分析的基础。没有分类，就没有高级的概念化、推理、语言、数据分析，因而也没有社会科学研究"[1]。做好教育现象的科学分类，可以说是教育学之科学化发展必先迈出的第一步。

这里所言之"分类"乃是就人类社会中所有教育现象的分类而言，并非仅限于学校教育的范畴。"教育学"在本书中同样也不是局限于学校教育，而是以人类社会中所有教育现象为研究对象的原本意义上的教育学。本书所理解的教育科学是教育学在其科学化和学科分化过程中所形成的一个以人类社会所有教育现象为研究对象的学科体系，是现代社会科学的一部分。

2.1 分类的科学化意义

教育学对教育现象的分类目前仍然处在十分粗陋的前科学水平，这严重制约了它的科学化发展，特别是对其科学概念体系的形成产生了致命的消极影响。正如用"盒子里的物质""罐子里的物质""袋子里的物质"这样的物质分类不可能支撑起物理学和化学，仅靠"水里的生物""陆地的生物""空中的生物"这样的生物分类不可能支撑起生命科学，同样，仅有"学校教育""家庭教育""社会教育"这样一种粗陋的分类，也不可能支撑起一个科学的教育学。这并不是说这种分类在教育学的发展过程中毫无积极作用，因为"纵然原始分类在某些方面与科学分类具有很大差异，前者也已经具备了后者的所有本质特征"[2]，

---

[1] Kenneth D. Bailey. Typologies and Taxonomies：An Introduction to Classification Techniques [M]. Thousand Oaks：Sage Publications，Inc.，1994：1.

[2] 涂尔干，莫斯. 原始分类 [M]. 汲喆，译. 上海：上海人民出版社，2000：88.

但是，就一门学科的科学化发展而言，原始分类由于无法支持高级的概念化、逻辑演算和数据分析，因而它不足以支持教育学在科学化的发展道路上达到当代社会科学应当达到的水平。

"所谓分类，是指人们把事物、事件以及有关世界的事实划分成类和种，使之各有归属，并确定它们的包含关系或排斥关系的过程。"[1]分类是人类认识世界的基本方式之一，"一个'分类系统'就是一套盒子（字面的或隐喻的），我们可以把事物放入其中，从而进行诸如层级体系化的（bureaucratic）或知识生产之类的工作"[2]。我们关于某一事实的分类水平往往集中反映了我们对该事物的认识水平，我们对教育的认识也不例外，关于教育现象的科学分类体系本身就集中体现了我们对教育现象的认识和理解。另外，要想进行关于教育现象的有效知识生产，我们也必须对其加以科学分类。建立教育现象的科学分类体系，是作为一门科学的教育学得以建立和有效运作的基本前提之一。

作为人类认识世界的基本方式之一，分类（classification）这一认识活动本身也有一个从前科学到科学并不断进步的发展过程。分类的科学化发展到达一定水平之后，就产生了类型学（typology）和分类学（taxonomy）这样的专门研究。教育现象的类型学研究是关于教育现象分组归类方法体系的研究，它确定了一整套特别的属性作为对教育现象进行类别划分的标准，这些标准应该是互斥且能够覆盖全部教育现象的。教育现象的分类学研究则是把人类社会生活中形形色色的教育现象按照一定的规则科学地划分到一个有层级次序的系统中，并加以鉴定、命名、描述等，以展现不同教育现象之间发生发展的联系，揭示教育现象发展演化的规律。虽然都是关于分类的研究，二者却是各有侧重：分类学重在分门别类，类型学重在确定类别；分类学属于经验体系，类型学属于概念体系。二者相互配合，实现对教育现象的科学分类。教育现象分类学研究的主要目的在于探索人类社会中各种教育现象之间的内在联系，在不同教育现

---

[1] 涂尔干，莫斯. 原始分类 [M]. 汲喆，译. 上海：上海人民出版社，2000：4.
[2] Geoffrey C. Bowker, Susan Leigh Star. Sorting Things Out: Classification and Its Consequences [M]. Massachusetts: The MIT Press, 2000: 10.

象之间确定出有限的关系，从而帮助教育学在此基础上进行有效的逻辑分析和论证。教育现象类型学研究的主要目的是确定一系列用以识别教育现象不同类型的包罗无遗且彼此互斥的特别属性，探索建立针对教育现象进行分组归类的方法体系。

　　科学的分类当然不是一个随意的主观过程。从普遍的意义上讲，一般分类过程的"唯一基本原则就是分类模型必须是穷举的（exhaustive）且互斥的（mutually exclusive）。这也就是说，如果有 n 个对象需要分类，那就必须每一个对象都有其合适的类别（穷举性），但每一个对象只属于一个正确的类别，不存在一个对象同时属于两个类别（互斥性）"[1]。一个分类体系必须有一以贯之的独特的操作原则，其类别须是互斥的，且该系统应是完整而自洽的，现代科学对客观事物进行逻辑分析的基本思维过程要求它的一个科学分类体系尤其应符合这样的特征。同样是一个人对另一个人讲授知识，发生在教室里叫"教学"，发生在家庭里就叫"家庭教育"，可见我们目前的所谓教育现象分类是怎样的混乱。

　　作为人类学事实存在于我们社会生活中的教育现象是极其丰富复杂的，关于教育现象的类型学和分类学研究只能对纷繁复杂的教育现象进行相对的区分，但这种相对的区分却仍然要贯彻科学分类的互斥、完整和自洽等操作原则。虽然这些原则并不是实际存在的教育现象本身的绝对特征，但它们却是教育学对教育现象进行科学分析的必要逻辑条件。实际上，几乎所有的分类体系都不同程度地存在着例外，但只要例外是极少数的，它就不能构成对某一分类体系的否定。

2.2　科学分类的基本思路

　　按照贝利（Kenneth D. Bailey）的说法，社会科学的分类技术经历了三大

---

[1] Kenneth D. Bailey. Typologies and Taxonomies：An Introduction to Classification Techniques [M]. Thousand Oaks：Sage Publications，Inc.，1994：3.

阶段，第一阶段是 20 世纪四五十年代由韦伯（Max Weber）和贝克尔（Howard Becker）提出的概念的或定性的分类体系，即韦伯的"理念类型"（ideal type）和贝克尔的"构造类型"（constructed type）；第二阶段是自 20 世纪 30 年代起至五六十年代逐步成熟的如聚类分析这样的前计算机化的定量技术；第三阶段是 20 世纪五六十年代至今已几乎完全计算机化的层次聚类的方法（hierarchical clustering method），主要包含聚集法（agglomerative methods）和分解法（divisive methods）两大类。[①] 鉴于目前我们对教育现象各类特征进行量化的描述还存在很大困难，所以，尽管我们的研究自始至终须建立在经验事实基础之上，但暂时我们还很难用充分量化的方法来对教育现象进行分类学研究，不过，以实证研究为基础的定量分析的方法应当是教育现象分类学研究的发展方向。在这一发展过程中，我们应当首先并始终认识到对教育这样一种社会现象进行分类的复杂性。"论及社会研究中的分类，我们必先注意到，我们所关注的大量特性都是非量化的，并且我们仍在探寻如何根据它们质性特征之自发而系统的秩序来使其变得可量化。"[②] 就教育现象的分类而言，情况更是如此，这必将使我们在这方面要走很长一段艰辛的探索之路。实际上，我们在这方面已经比其他学科走了更多的弯路。

需要说明的是，一切分类都是我们对客观事物的主观认识，它以客观经验为基础，但它本身并非就是客观实在。任何关于教育现象的分类都是我们以客观经验为基础来认识、理解和描述教育现象的一种方式。这里很容易因误解而导致认识问题，因为"按照'传统的'分类学家的典型观点，种类是有待通过分类的方法加以发现或揭示的实体存在"[③]，但实际上"自然界并没有实存的'种类'，'种类'皆主观的概念，除此无他"[④]，甚至如巴特利（Sue Batley）所

[①] Kenneth D. Bailey. Typologies and Taxonomies：An Introduction to Classification Techniques [M]. Thousand Oaks：Sage Publications，Inc.，1994：10－11.

[②] Ramkrishna Mukherjee. Classification in Social Research [M]. New York：State University of New York Press，1983：8.

[③] G. Dunn，B. S. Everitt. An Introduction to Mathematical Taxonomy [M]. New York：Dover Publications，Inc.，2004：5.

[④] C. E. Bessey. The Taxonomic Aspect of the Species [J]. American Naturalist，1908（42），218－224.

言,"对周围世界中的每一样东西,我们每个人都有在自己经验基础上形成的分类。某人或许把狗归类为需躲避的、危险的东西,而另一个人却将狗归类为可豢养于房子附近的友好动物"[1]。简而言之,所有的分类都是我们对客观事物的一种主观认识,科学分类的关键在于其以经验为基础的理性结构。所有的教育现象类型都是以经验为基础的带有我们主观能动作用的建构性类型(constructed type),然而这并不影响它在教育现象科学分类中的积极作用。实际上,我们"所有的概念都是结构(constructs),这些结构都是从经验中产生出来的。完全自然的(raw)经验从来都不是纯真自然的,即便是在感性认识阶段也是如此"[2]。带有主观认识特性的教育现象分类尽管应该不断回到实践中接受检验,但这种主观性与其科学性是不矛盾的,相反,它是所有科学认识的基本特性之一。

就目前的条件而言,关于教育现象分类的基础研究可以从发生学(embryology)、谱系学(genealogy)、分类学和类型学这样几个基本维度次第展开。发生学和谱系学从教育现象的发生和发展的角度探索不同教育现象之间的内在联系,揭示不同类别教育现象之间的关系;分类学和类型学可以在关于教育现象的发生学和谱系学研究的基础上,根据教育现象的实际状况和教育学对教育现象展开科学研究的实际需要,分别从经验的和观念的角度来逐步建构一个日益完善的教育现象进化树,从而全面完整地解释所有教育现象的类别关系。由于教育现象在人类社会发展历史中的漫长和复杂,发生学和谱系学的有效解释阈限可能相当有限,因而教育现象的分类学研究只有在类型学研究的支持下,才能完成主客观统一的教育分类体系建构工作。

从发生学的维度看,我们可以从每一种教育现象的起源与分化发展来判定不同教育现象之间的区别与联系。关于人类社会教育现象的起源,教育史学界存在多种不同的假说,这些假说从不同的角度解释了教育现象在人类社会中的

---

[1] Sue Batley. Classification in Theory and Practice [M]. 2nd ed. Oxford: Chandos Publishing, Elsevier Limited, 2014: 1.
[2] John C. McKinney. Constructive Typology and Social Theory [M]. New York: Meredith Publishing Company, 1996: 9.

发生和发展。勒图尔诺（C. Letoumeau，又译利托尔诺、利托尔洛）的生物起源说解释了人类教育得以发生的生物学前提和内因；孟禄（P. Monroe）的模仿起源说从内在心理机制的角度解释了教育现象的发生；生产劳动起源说则从社会环境条件的角度解释了教育现象的发生发展。我们曾对生物起源说和模仿起源说有一些片面的误解，今天有必要重新认识。即便在如今的现实社会生活中开展教育现象的发生学研究，我们仍然有可能揭示教育现象产生的生物学基础，因为这种从动物界秉承而来的"类似教育的本能"至今仍然存在于人类本能之中，并使今天的人类仍然具有教育活动的内在意向，在一定的社会情境下即会本能地做出教育的反应。这同样也是教育现象可以在现代社会发生的重要内在根据之一。

从谱系学的维度看，我们可以按照教育现象发生发展过程中的内在联系探索描述教育现象进化演变的脉络，把曾经存在和现实存在的各类教育现象置于这一脉络之中。我们可以用进化树的形式来展示不同类别的教育现象及其相互之间的内在联系，从而为教育现象的分类提供一个结构性的基础。卡里迪（Muhammad Ali Khalidi）在探讨自然科学和社会科学的分类问题时说："至少有部分属于生命科学的特性同样也属于社会科学，并且一并考虑这些特性对我们的认识也是有益的（informative），不过我对那些分别仅属于生命科学或社会科学的问题也会单独考虑。"[①] 教育现象的进化演变与生物的演化在一般的演进逻辑上确有一定的相似性。我们知道，原始的教育现象一经产生，就不断地分化发展，一种新的教育现象从另一种教育现象中分化出来，并继续分化出新的教育现象。这样的分化发展过程，遵循着由简单到复杂、由自发到自觉、由低级到高级的普遍进化逻辑。在这一分化发展的历史过程中，一种教育现象消亡了，另一种新的教育现象又产生了。每一种新的教育现象的产生，都是要满足社会对教育新的功能性需要。所有具有不同功能的教育现象组合在一起，形成一个功能相对完善且处于动态平衡中的系统。如果其中一种教育现象出现问题，

---

① Muhammad Ali Khalidi. Natural Categories and Human Kinds: Classification in the Natural and Social Sciences [M]. Cambridge: Cambridge University Press，2013：125.

另一种教育现象可以发挥功能代偿作用。这样的演变过程，的确适合运用进化树的形式来加以描述。

在类型学的维度上，我们尝试以教育活动的指向性和自觉性这两个基本属性来对人类社会中的教育现象进行类型划分。这两个属性在分类学上可以覆盖人的所有教育活动。人类社会中的教育现象都表现为人的一种社会活动。指向性主要判断教育活动是指向自身还是指向他人，是否直接包含不同行动者之间的关系；自觉性则主要用来判断教育活动的发展水平，即在越是高级的教育活动中，人对教育活动的自觉程度越高。

2.3　教育现象进化树：初步尝试

结合发生学、谱系学和类型学的探索，我们以指向性为判别类型的标准，从分类学的角度尝试将教育现象的类型初步划分为三大类：学习类、教授类和教学类。学习类的教育活动是主要指向自身的，教授类的教育活动是主要指向他人的，而教学类的教育活动则是相互指向不同活动主体的。在此基础上，我们把上述几个维度结合在一起，尝试依据教育活动的发出者在教育活动中对该活动的自觉水平，来对人类社会中的教育现象进行初步的分类。

我们知道，学习行为是动物界普遍存在的，而在比较高等的动物中也普遍存在着教授的行为，由此可以推知，在人类原始的教育现象中，就包含了学习行为和教授行为，这是人类在脱离动物界时秉承了动物界普遍存在的"类似教育的本能"的结果。直至今日，学习和教授仍然是人类教育活动中两种最重要、最基本的活动。因此，学习和教授的发展进化应当是贯穿整个教育现象进化过程的两条基本线索。由这两种基本的活动及其相互组合并不断发展完善，构成了各种纷繁复杂的教育现象。此外，人类应该还存在一些更基本的活动和更高级的活动，那些最基本的活动是动物界乃至整个生命世界都普遍可见的，而那些更高级的活动则是人类脱离动物界以后逐步形成的，它们对人的生长发展都有着十分重要的意义和作用。譬如被动的适应可能是比积极的学习要低级一些的活动，而学习者和教授者都能动自觉地参与其中的教学活动则应当是一种更为高级的活动。在教育现象的进化过程中，越是简单、低级的活动往往越是出现较早，而越是复杂、高级的活动则可能出现得越晚。低级的活动为教育现象的产生和发展提供基础，而高级的活动则是在低级活动的基础上产生和发挥作用的。教育现象就是这样从简单到复杂、从自发到自觉、从低级到高级，不断分化发展着。

这种进化的逻辑在学习和教授这两条线索上都有所反映。早期的学习活动往往更接近于被动的适应，譬如斯金纳等很多行为主义心理学家所做的很多关于动物学习行为的实验，就反映出十分明显的适应性特点，这些学习活动与人类在发展到一定阶段后表现出来的自觉能动的学习活动之间存在着明显的不同。我们可以根据学习、教授这两条线索及其相互联结，来尝试对人类社会中存在的教育现象进行分类，并按照从自发到自觉的进化逻辑，对这些分类的结果进行初步的序列化描述。

就学习而言，首先发生的应当是比较低级的接近动物学习行为的那种"适应性的学习"，这是一种基于本能的、为适应外部环境及其变化而对自身的改变，譬如长期生活在山区丛林中的人对周围的某些声音可能比生活在嘈杂都市中的人更加警觉，来自山林中的那些人甚至可以根据声音判别出那是什么野兽发出的响动。其次应当是"模仿"的发生。我们在动物和幼儿中可以很容易观察到这种学习行为，尽管模仿在很大程度上也是基于本能的，但它涉及的更多是后天的内容，这些内容在不同地域或不同时代都常常表现出明显的差异。最后应当是那些"练习"行为的出现，这类行为在稍微高级一些的动物中也能见到，它比适应性学习和模仿更加具有主动性，这使个体在离开要适应的具体情境或要学习的模仿对象之后，还可以巩固和强化自身某些有用的知识或行为。最初的练习可能出现在初次参与狩猎等生产劳动的年轻人中，然后又可能在他们参与年幼者的游戏活动时将这些练习行为带入了儿童游戏。尽管后来随着教育活动的专门化，练习也逐渐成为一个独立的学习活动样式，但练习的根本性质并没有发生太大的变化，如今的青少年离开课堂后在练习本上做习题的行为，在相当程度上仍然是一种在脱离具体情境或离开模仿对象后对自己知识或行为的巩固和强化。有可能正是在主动练习的基础上，"自主的学习"行为产生了。个体在面临新情境或新问题时，可能对模仿和主动练习的行为进行扩展，在原有知识和行为的基础上，按照新情境或新问题的要求来学习如何认识环境、适应环境、改造环境、解决问题。这种自主的学习带有明显的能动性和明确的目的性，只有人类社会才存在这类教育现象。在自主学习的基础上，更高级的学习行为逐渐形成。先是"探索性的学习"的出现，个体在遇到那些几乎无类似先例可循的新情境和新问题时，可以根据已有的知识和经验，参照相关的先例，来认识新环境、适应新环境、改造新环境、解决新问题。在探索性的学习出现之后应是"创造性的学习"的产生。个体在面对新情境或新问题时，可以联系实际的具体情况，用不同于以前的、全新的方式来认识、适应和改造环境，获得新知识，解决新问题。实际上，不仅一般人的很多进步是通过创造性的学习得来的，很多科学发现也是这种创造性的学习的结果。在创造性的学习的水平上，人的能动性在学习活动中发展到了一个很高的阶段，研究活动与教育活动出现了统一，让学习者直接参与创造性的探索成为教育的重要方式之一。

就教授这条线索来说，首先应当是在高等动物中也可以观察到的出于本能的教授行为。法国社会学家勒图尔诺关于他所谓"动物界的教育"的描述就说明了这一点。在人类的教育活动中，我们称之为"本能的训练"。这种本能的训练是一种在不知不觉中主动影响他人的行为，它在相当程度上是基于本能的先天形式的。从只有在高等动物中才可以较多地观察到这类行为来看，它应该是一种比学习更高级一些的教育活动，可能是在学习的基础上产生和发展起来的。连最低等的原生动物中都有不同程度的学习现象，而主动影响其他个体的行为则比主要是个体本身适应环境的学习现象要复杂一些。在本能的训练基础上，一种更为主动的影响活动逐渐形成，这就是"示范"。示范也是一种在略微高等的动物中常见的出于本能的活动，勒图尔诺就曾举过禽类通过示范来诱引幼禽学会游泳或飞翔的例子。[①] 示范既在一定程度上出于本能，又出现了较之本能

---

① 勒图尔诺. 动物界的教育[M]//瞿葆奎. 教育学文集·教育与教育学. 北京：人民教育出版社，1993：159.

的训练更多的后天因素，并在逐步发展中具有更明显的自觉性和主动性。人类教育活动中存在着很多示范的活动，譬如人类在育儿过程中常常不知不觉地在亲子游戏中向婴幼儿示范很多行为，同时也有一些对婴幼儿模仿本能的自觉利用，通过示范教会婴幼儿某些行为。那种手把手的教授活动最初可能就是在这种自觉的示范基础上作为示范的补充和延伸而产生的。当示范是一种自觉程度较高的活动时，在模仿者发生某种理解或操作困难的情况下，示范者很容易会做出手把手教授的行为。这种手把手的教授行为最初可能出现在实际的生产生活情境中，但它本身已经是一种专门以教授为目的的行为而不直接是生产生活的活动了。这可能是一种最初的专门教授活动，我们把这种结合示范的手把手的教授活动且称作"示教"。在示教的基础上，从实际生产生活情境中逐渐独立出来一种新的活动，这是一种专以提高学习者运用知识或技艺的效能为目的的示教活动，我们称之为"训练"。训练尽管不脱离具体情境，但它已经相对独立于实际的生产生活过程，常常是在某种模拟的生产生活环境中进行的。最早使用训练方法的很可能是原始人的狩猎训练或军事训练，因为实际的战斗过程或与野兽搏斗的过程都不容许他们像在其他生产生活过程中那样从容地示范和手把手教授，他们必须事先在模拟的情境中进行这类知识和技能的教授活动。"讲授"活动可能是在示范、示教和训练的过程中逐渐形成的，因为在这些过程中常常需要让学习者理解一些必要的知识和动作要领，所以很容易出现讲授行为。后来，讲授可能是作为训练的一个特殊环节独立出来，并渐渐分化成为一种独立的教授活动的，因为事先让学习者了解一些知识和动作要领对提高训练的效率有重要作用。讲授是一种以语言而不是具体动作为主要方法的教授活动，它在相当程度上脱离了具体情境的局限，具有更高的抽象性，因而也适应了更加复杂而抽象的知识或观念的教授。讲授最初可能是采用某些口诀、咒语、祈祷、歌谣、史诗、神话、传说等形式进行的，后来才逐渐演变成讲授者直接对实际知识（观念）与技能或对间接描述这些知识（观念）与技能的文本进行的解释。我们今天在课堂上见到的讲授现象虽然活动本身及其教授的内容都复杂得多，但根本性质与当初简单的讲授是相同的。讲授是教授活动进化过程中的一次飞跃，语言的产生在这里起到了十分重要的决定性作用。

我们再从教授和学习这两条线索的相互联结来看，在教授和学习活动不断进化发展的同时，教与学两种活动协同动作的水平也日渐提高。最先出现的应当是在高等动物中也能够见到的"教与学本能的联结"，譬如看到母鸟飞翔会诱发幼鸟飞翔的本能冲动，这可以促使幼鸟去学习飞翔。儿童看到成人的生产生活活动，也常常本能地进行模仿，成人往往也乐于教授儿童这些活动。以这种教与学本能的联结为基础，最初产生的很可能是"一对一的个别教学"，然后是一个教授者对若干个学习者的"一对多的个别教学"。在一对多的个别教学的基础上，更为复杂的教学联结形式逐渐形成，这就是若干教授者对多个学习者的"集体教学"。集体教学往往需要一定的组织性来保障其秩序和效率，这种组织性的产生和逐渐增强，使人类的教授和学习活动之间的联结走向组织化，进而产生了"班级授课"的新形式。班级授课的制度化，也就是"学校教学"了。在这个过程中，教育主体实际上是在不断地扩展着，先是个人作为主体的学习，然后是两个人都作为主体共同进行教学活动，接着是多个主体作为群体共同进行教学。随着教学联结的组织化和制度化，这个主体也逐步从小型集团主体扩展到国家、民族等大型集团主体。可见教学联结实质上是人在教育活动中结成的特定社会关系，这同人们在生产劳动过程中结成一定的生产关系是一样的。教与学的联结不断发展至一定的水平，就产生了作为独立社会机构的教育实体，以及后来的学校和学校教学（见图 2-1）。

我们初步分析出的这 16 种教育现象，在学校、家庭和其他社会生活领域中都普遍存在着。即便在简单一堂课的教学过程中，教室里也往往同时存在着多种教育现象，这些教育现象在其实际的目标指向上可能是一致的，也可能是相互矛盾的。实际上，很多时候都是由于发生在一定社会场景中的不同教育活动之间的相互矛盾和互相抵消，才最终导致了我们的教育效果事与愿违。当一名教师用极其傲慢的态度来给学生"讲授"谦逊的美德时，学生可能同时学到了关于谦逊这种美德的知识和傲慢的态度，并且这种傲慢的态度往往因教师的"示范"而最终成了学生实际习得的道德习惯。认识到这些并存的教育现象及其相互之间的内在关系，显然有助于我们更好地协调不同的教育活动，从而更好地达到我们的教育目的。

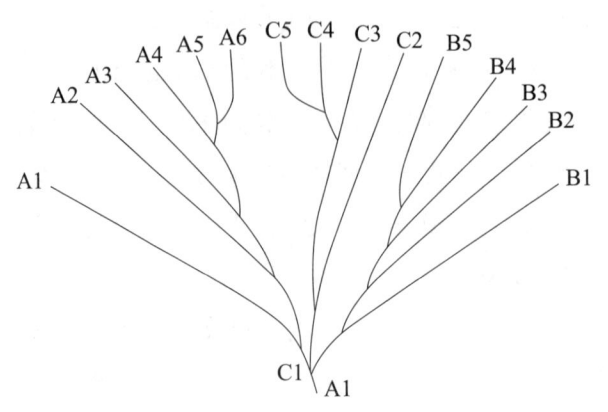

图 2-1　教育现象进化树

A1　适应性的学习　　　B1　本能的训练　　　C1　教与学本能的联结
A2　模仿　　　　　　　B2　示范　　　　　　C2　一对一的个别教学
A3　练习　　　　　　　B3　示教　　　　　　C3　集体教学
A4　自主的学习　　　　B4　训练　　　　　　C4　班级授课
A5　探索性的学习　　　B5　讲授　　　　　　C5　学校教学
A6　创造性的学习

这棵教育现象进化树列出的所有教育现象，如今在我们的社会生活中都仍然存在并发挥着不同的教育功能，它们相互联系形成了一个动态平衡的有机整体。这里列出的 16 种教育现象，当然还远远不是人类社会教育现象的全部，不仅很多或许已经消亡的教育现象不在其列，而且当前未发现和未来新产生的教育现象也有待将来的归类。即便是当前列出的这 16 种教育现象，其中很多也还可以做进一步的类别划分。面对教育现象分类学研究中的诸多问题，教育学还有很多的任务需要完成。教育现象的分类学研究尚未真正起步，这是教育科学领域一片尚未开垦的处女地。

3

实证方法与教育学的科学化

3.1 我实证故我科学？

3.2 实证问题的层次与局限

3.3 自在、自为与实证、行为主义

3.4 实证精神与科学化的关键

教育科学在科学性方面的困窘及其对科学化的渴望，在社会科学诸学科中可以说是最为突出的。在研究和思考教育科学之科学化发展问题的学者中，有相当多的人将教育科学之科学化发展的希望寄托于实证方法，认为采用实证方法进行研究，教育科学便能走上科学化的康庄大道。然而，实证方法是否一定能够推动教育科学的进一步科学化？科学精神本身要求我们在行动之前首先必须对这个问题做出回答。

3.1 我实证故我科学？

我们讨论实证方法，离不开实证主义哲学。如果说实证方法为实证主义之表，则实证主义为实证方法之里，二者是统一一体的。"实证主义"一词在社会科学领域具有多重意义，"在广义的一端，它包括所有将人类事务设想为属于向客观调研开放的一种自然秩序，并运用科学方法对其进行研究的任何方法"，按照霍利斯（Martin Hollis）的说法，孔德、迪尔凯姆、韦伯等都算是实证主义者，但"他们都是同床异梦的"；在狭义的一端，尤其是在国际通行的意义上，它"意指一种拒斥一切心灵性的数据和定性方法的激进行为主义"[1]，重视数理统计分析的运用可以说是这种激进思想的突出特征之一。我们如今常常是偏向于狭义一端来运用"实证主义"这个词的。

论及实证主义，我们很难绕开孔德（Auguste Comte）和他的"三阶段律"。孔德认为人类思维的发展史，"无论是个人的或是群体的，都不可避免地先后经历三个不同的理论阶段，通常称之为神学阶段、形而上学阶段和实证阶段"[2]。这就从精神进化的意义上赋予了实证主义特别的优越性。实证主义的基本观点认为，我们不应像形而上学那样通过理性去把握感性材料，而应当通过对经验事实的归纳来获得科学规律。从这种哲学出发，人们建立了这样的信念，即

---

[1] Martin Hollis. The Philosophy of Social Science：An Introduction [M]. Cambridge：Cambridge University Press，1994：41-42.
[2] 孔德. 论实证精神 [M]. 黄健华，译. 南京：译林出版社，2014：1-2.

"遵照一系列可接受的操作与报告数据的规则，人类的研究可以按照与自然研究相同的方式来做"[1]。概而言之，经验自然科学的兴盛以及人们对科学的崇拜，是这种思想的社会历史背景。然而，历史发展到今天，实证主义本身的局限性也已经日益为人们所认识，所以，我们今天再来探讨教育科学中的实证问题，就不能忽视对实证主义的新认识。

一般来说，"实证主义的方法有三个要点：（1）确定经验事实；（2）发现现象间的齐一性，建立有关现象相继发生的规律性的理论；（3）从理论中推导出那些能够对未来发生的现象加以预言的经验命题，并通过经验事实验证该理论是否正确"[2]。就自然科学而言，这种方法的确具有广泛的适切性，可一旦进入社会科学领域，情况就发生了重要的变化。且不论社会现象间的"齐一性"往往踪迹难觅，即便如简单的"经验事实"，其可靠性也并非如人们想象的那样确信无疑。查尔默斯在其《科学及其编造》一书中说："实证主义者想要显示合法的科学是'被证实的'，是被'记录句'[3]（protocol sentences）所指涉者——向仔细的观察者通过其感官显示的事实——显示为真或很有可能是真的。然而观察陈述是公共的、可检验的和可修正的，且与经由感官直接暴露在观察者面前的实证主义的不可更改的真理观念大相径庭"。他还举例说"地球是静止的"这一陈述曾在几千年里被作为一个可观察的经验事实而普遍接受，后来却被科学所否定。[4] 波普尔也曾以建立在大量观察事实基础上的占星术为例来证明这种判定科学的标准是多么的不可靠。我们在实际的社会生活中也不难发现，很多"伪科学"往往也是建立在眼见为实的"经验事实"基础之上的，所以才能够冠之以"科学"的美名。

科学需要实证，但实证并不必然导致科学。在社会科学领域，实证主义的

---

[1] 麦克米伦，舒马赫. 教育研究：基于实证的探究 [M]. 曾天山，等译. 北京：教育科学出版社，2013：7.

[2] 张庆熊. 社会科学的哲学：实证主义、诠释学和维特根斯坦的转型 [M]. 上海：复旦大学出版社，2010：12.

[3] 所谓"记录句"，在逻辑实证主义哲学中，指的是一个描述直接经验或知觉的陈述，因而被认为是知识的终极基础。

[4] 查尔默斯. 科学及其编造 [M]. 蒋劲松，译. 上海：上海科技教育出版社，2007：16.

局限性更应受到我们足够的重视。人类社会的多样性、复杂性和多变性等，决定了对付自然的实证方法在包括教育科学在内的社会科学领域中的局限性。[①]就连孔德本人也不得不说："必须原则上承认，在实证体系下，我们观念的和谐与协调，由于在一定程度上受到现实的根本约束，因而必然存在局限，也就是说与一些不受我们左右的事物类型不尽相符。"[②]人可以左右很多事物，虽然不是所有事物；但是人是不可以随便左右他人的，因为人不应被剥夺作为人所必需的自由意志。[③]社会科学所面对的研究对象恰好是他人，所以实证主义先天注定与社会科学研究的这些"事物类型不尽相符"。

实际上，在包括教育科学在内的诸社会科学中，实证的方法一直存在着先天的局限性，这是众所周知的。亨特（Elgin Hunt）等在《社会科学导论》这本自20世纪30年代以来一直被广泛采用的教科书中就承认，社会科学很难精确描述和揭示社会规律，其原因主要有三：一是社会生活中的很多重要事情难以真正加以测量；二是我们在社会科学研究中几乎不可能揭示和估计到复杂社会生活中的全部相关因素；三是每一种社会状况都存在人为因素，而我们很难完全准确地预测个人行为。此外，社会科学还很难以受控的实验来检验其假说，而不得不仰赖社会科学研究者的观察和抽象思考。[④]就教育科学而言，它不仅涉及人，而且涉及人与人之间的关系，涉及这种关系在人的生长发展过程中的作用等这类极其复杂的问题，因此，我们就更难将教育学的科学化希望仅仅寄托于实证一身了。

不仅实证方法在社会科学领域的终极有效性仍然有待证明，而且实证也并非社会科学的唯一出路。除了实证主义这条思路外，我们还有狄尔泰（Wilhelm Dilthey）的诠释学思路、波普尔的批判理性主义思路、胡塞尔（Edmund G. A. Husserl）的现象学思路、维特根斯坦（Ludwig J. J. Wittgenstein）的语

---

① 麦克米伦，舒马赫. 教育研究：基于实证的探究［M］. 曾天山，等译. 北京：教育科学出版社，2013：21-22.

② 孔德. 论实证精神［M］. 黄健华，译. 南京：译林出版社，2014：16.

③ 行为主义等否认人的自由意志，所以，他们普遍将动物心理实验的结果直接拿来解释人的心理过程。这是另一个复杂的哲学问题，后文还将涉及，这里不再展开讨论。

④ 亨特，柯兰德. 社会科学导论［M］. 康敏，等译. 北京：世界图书出版公司北京公司，2012：15.

言哲学思路等，甚至连实证主义本身也存在卡尔纳普（Paul R. Carnap）、石里克（Friedrich A. M. Schlick）等逻辑实证主义者等对其经典观点的修正。这些新观点亦被称作"后实证主义"。放弃这些丰富的思想资源，对教育学的科学化发展，不可能是一件好事情。认定唯有某种方法才是科学的方法，这本身就违背了科学精神，除了导致"方法论神话"外，我看不出有什么其他好处。"科学不应受到教条的限制，而且不管何种教条。科学是自由的。这一思想的意思是，在科学中，只要对问题的回答方式是论证性的，是按照一定的系统的方法取得的，那么对原因的提问、对现象的解释以及对问题的解决办法就不应该受到任何限制与损害"[1]。

教育科学的确需要实证方法，但实证却很难独立担当解救教育科学的重任。要进一步证明这个问题，首先需要对实证本身进行简要的剖析。

3.2 实证问题的层次与局限

在包括教育科学在内的社会科学领域，实证方法的运用至少存在着这样三个层次：一是运用实证的方法发现事实，二是以实证的方法揭示不同社会事实之间的因果关系，三是用实证的方法来描述和解释社会规律。

在第一层次上，运用实证的方法发现和描述客观事实，应当说是三个层次中最为容易的。这里所说的事实，也包括作为社会科学对象性事实的情感、价值、信仰等。作为对象，它们已经在一定意义上摆脱了主观性而成为客观的社会事实。关于经验感知的客观事实，实证主义的第一设定就是"在经验观察和非经验陈述之间存在着截然的分裂"[2]。我们在赞同实证主义否定形而上学对"本体"之追寻的同时，也应当在相当程度上怀疑实证主义所说的这种完全脱离人的主观性的纯粹事实是否能够在科学中找到。很多研究都发现，"从原始事实

---

[1] 波塞尔. 科学：什么是科学 [M]. 李文潮，译. 上海：上海三联书店，2002：245.
[2] 亚历山大. 社会学的理论逻辑 [M]. 于晓，等译. 北京：商务印书馆，2008：6.

到科学体系化的思想运动是一个纯粹单向的运动这一假定是站不住脚的：并没有一种原初的或原始的事实这样的事"①。事实上，包括实证主义自身也不可避免地要建立某种类似形而上学那样的理论体系。"实证主义信誓旦旦地要反对形而上学，结果却有可能以形而上学告终，这不得不说是一个让人啼笑皆非的结果"②。

科学基于事实但绝非局限于事实，它在总体上是人类描述和解释客观世界的一种理论体系。"科学可视为发生于由两种不同环境所构成的背景下的智力过程：其一是经验观察的世界，另一个是非经验的形而上世界"③。在科学领域，这两个世界的分裂会导致无法调和的逻辑冲突。法国哲学家和社会学家阿隆曾告诫社会科学家要谨防"通过经验的仲裁来寻求绝对客观性的诱惑"④，这样的告诫对当前我国的教育科学工作者们似乎也十分必要。

正如维果茨基指出人的知识是在人与人交往之中产生的一样，温奇（Peter Winch）揭示了看似纯粹客观的科学事实的主观性。他说："在科学家的研究过程之中，他运用并发展了与他的特殊研究领域有关的那些概念……从表面上看，正是在科学家对于现象的观察（这是在实验中进行的）的基础上他才发展出了他的概念——其实，只有在与他的科学家伙伴共同参与一种既定的活动形式的情况下，他才能做到这一点。"⑤这意味着我们通过实证方法获得的事实也同样无不刻有主观的烙印。

再来看第二层次，实证的方法运用于对因果关系的揭示。较之第一层次，这个任务显然是比较难一些的。"现代科学赖以建立的基本假设是，宇宙是井然

---

① 科拉科夫斯基. 理性的异化：实证主义思想史 [M]. 张彤, 译. 哈尔滨：黑龙江大学出版社, 2011：139-140.

② 张彤. 中译者序言 [M] //科拉科夫斯基. 理性的异化：实证主义思想史 [M]. 张彤, 译. 哈尔滨：黑龙江大学出版社, 2011：19.

③ 亚历山大. 社会学的理论逻辑 [M]. 于晓, 等译. 北京：商务印书馆, 2008：2.

④ Raymond Aron. Max Weber and Michael Polanyi [M] //Polanyi Festschrift Committee. The Logic of Personal Knowledge: Essays Presented to Michael Polanyi on His Seventieth Birthday [M]. London: Routledge & Paul, 1961：106.

⑤ 温奇. 社会科学的观念及其与哲学的关系 [M]. 张庆熊, 等译. 杭州：浙江大学出版社, 2016：64-65.

有序的，由因果律支配着。在给定的相同条件下，总会产生相同的结果"①，这被广泛视作科学方法的本质。然而，这一基本假设一旦进入社会科学领域，其有效性就十分可疑了。且不论自然界复杂系统中既已存在的自组织现象，以及由此产生的复杂性理论等，在社会科学的论域中，复杂系统的自组织已经升级成了人的自主性或主体性。人的能动性因素的加入，使得社会科学研究对象的复杂性在相当程度上从量变走向了质变，以至于使得相同的条件或原因并不一定产生相同的结果，因为真正影响结果的决定因素是人的选择而不是外在条件。

即便我们像行为主义者们那样，完全否认人的自主性，人类社会的复杂性也使通过实证方法发现其发展变化的因果律变得十分困难。很多社会科学哲学研究者都认为，"就社会科学而言，魔鬼就在细节之中。社会科学中存在的大量细节形成了一个由法则、辅助性假设等诸如此类可以取代形而上学思维的东西组成的集合"②。所谓"大量细节"，其实就是人类社会复杂性在社会科学研究过程中的反映。哪怕是在自然界，当一个系统的复杂性达到一定程度之后，就会从他组织转向自组织。我们必须借助整体、连续的数据而不是单一的数据关系才能加以解释和预测。一些看似毫无关联的、无足轻重的碎片因素，都有可能对变化结果产生重大影响。在这种情况下，因果关系的意义已经发生了重大变化，必然的因果联系已经被概率关系取代。因此，面对人类社会这样一个极其复杂的系统，如果我们选择无视其复杂性，用假设过滤掉大多数影响因素，并以某个简单的模型来揭示其因果律，这本身就是和科学精神背道而驰的。

实际上，在因果关系问题上，实证主义从反对目的论开始，而最终在一定程度上还是不可避免地落入了目的论的窠臼。面对这样的状况，特纳（Stephen P. Turner）在论及社会科学中的因果关系时甚至感慨："在尚需存疑的社会学三阶段律之外，根本就不存在什么社会科学的规律。"他以经济学为例，"经济学已经开发出令人印象深刻的演绎结构，但它揭示的是否是真正的因果关系却尚存疑问。就其对逐利者（wealth-seeking agent）假设的依赖程度而言，它显

---

① 亨特，柯兰德. 社会科学导论 [M]. 康敏，等译. 北京：世界图书出版公司北京公司，2012：10.
② Stephen P. Turner, Paul A. Roth. The Blackwell Guide to the Philosophy of the Social Sciences [M]. Oxford: Blackwell Publishing Ltd., 2003: 27.

然是目的论的。它运用个人目的论来阐释市场目的论,个人的本性和目的又以其行动为基础而被循环地归因于自身"①。我们看到,仅仅是进入第二层次,实证主义就已经不得不在很大程度上放弃了它最初反目的论的立场,回到了和形而上学相类似的因而在它看来不那么科学的理论阐释。

第三层次,以实证方法来描述和解释的社会规律。实证方法在这一层次上面临的困境与其在因果关系中遇到的麻烦是紧密联系在一起的。实证方法最诱人的特征便是它追求像自然科学那样用某一简单的模型来描述社会发展变化的规律。"正如我们所见,实证主义哲学的第一特征便是它认为所有的现象都服从于不变的自然法则。我们的任务是——明白探究所谓'始因'或'终因'是如何的徒劳无益——寻求对这些法则的精确发现,并最终将这些法则精简至尽可能少的数量。"② 然而,在规律描述的形式上无论与自然科学是多么的相似,其本身并不能保证这种关于社会规律描述的科学性。

众多研究表明,由于社会现象复杂性及其因果关系的难以把握,实证方法不可能像自然科学揭示自然规律那样来揭示社会规律。在社会科学的论域中,"一个既定的'计算'可能会将我们带向一组不同的结果系列中的任何一个。这与自然科学中的预言是非常不同的"③。这样的区别就决定了社会科学无法像自然科学描述自然规律那样来描述社会规律。然而,正如韦伯在论述社会科学的"客观性"时所批评的那样,实证主义并不是正视社会规律的这种复杂性,而是采取了回避的态度。"一旦我们无论是运用广博的历史归纳法证明一种因果连接的'规律性'乃系毫无例外地有效的,还是按照内在的经验使它当下澄明,它们自身或无数类似的情况就都将从属于以这种方式找到的公式"。至于这些公式未能揭示清楚而余留下来的那些东西,则"或者被当作在科学上尚未领会的残留物","或者作为'偶然的'并因此作为科学上非本质的东西而

---

① Stephen P. Turner, Paul A. Roth. The Blackwell Guide to the Philosophy of the Social Sciences [M]. Oxford: Blackwell Publishing Ltd., 2003: 28.
② Auguste Comte. The Positive Philosophy of Auguste Comte: Vol. 1 [M]. London: George Bell & Sons, Batoche Books Kitchener, 2000: 31.
③ 温奇. 社会科学的观念及其与哲学的关系 [M]. 张庆熊, 等译. 杭州: 浙江大学出版社, 2016: 69.

完全被撂在一边，因为它无法'按照规律来把握'"①。这也就是说，实证主义所描绘的社会规律其实一直是残缺不全的，只是在某些特定条件下有效的特殊规律，而那些无法用这种规律来描述的事实，都被排斥于其所谓科学的视野之外了。

在包括教育科学在内的社会科学领域，由于人的能动性因素的加入，我们已经很难通过观察和归纳来得出某种普遍的社会规律并据此预测未来，因为未来的最终决定因素是作为社会科学研究对象的人的选择，而不是社会科学研究者及其全面细致的观察。在这种情况下，如果我们过于迷信实证主义看似科学的观察、数据采集和分析、经验事实的归纳，并因此拒斥任何理论演绎及其他研究方法，那么就难免会成为"罗素的火鸡"（Russell's Turkey）②。

3.3 自在、自为与实证、行为主义

我们知道，从人的立场上看，这个世界有两类存在：自在的存在和自为的存在，或者称之为自发的存在和自觉的存在。用萨特（Jean-Paul Sartre）的话来说，"自在的存在是其所是"，"它永远不把自身当作异于其他存在的存在"③；自为的存在则"归根结底是属于整个我思的"④，它存在是因为"它的面对世界的在场"⑤。我们可以简单地将自在的存在看作人之外的自然存在物，而将自为的存在看作人自身。当然，这里的人指的是作为在自主的选择中确证自身存在的、自由的、作为主体的人。"自我不能是自在的存在的一种属性。……自我反映，

---

① 韦伯. 社会科学方法论［M］. 韩水法，等译. 北京：商务印书馆，2013：26-27.
② 伯特兰·罗素的一个著名思想实验。假想有一只运用归纳法的火鸡，被带到一个新农场。它每天采集数据，发现每天早上七点左右，主人会给它喂食。它持十分谨慎的科学态度，不愿轻易下结论，继续采集和分析数据。经过364天的数据收集和分析，发现晴天或雨天、天热或天冷、周日或周一……主人都会在早晨七点左右给它喂食，于是它终于得出结论：主人每天早晨七点左右会给它喂食，这是一个客观规律。它据此十分自信地预测：明天早晨七点左右，主人还会给它喂食。但那天恰好是感恩节，火鸡成了主人的盘中餐。
③ 萨特. 存在与虚无［M］. 陈宣良，等译. 北京：生活·读书·新知三联书店，2007：26-27.
④⑤ 同③115.

但它恰恰反映的是主体"①。自由和选择是自为存在的人的两个根本特征，也是它与自在存在的根本区别。

　　社会科学所面对的最大先天挑战，正是其研究对象的自为性，集中表现为人的自由意志。自然科学面对的是自在的自然界，其任务在于揭示不以人的主观意志为转移的自然规律。作为一种"是其所是"的自在存在，自然界的运动变化规律也是自发的、无目的的；而在由作为自为存在的人组成的社会中，情况则发生了根本性的改变。在这里，社会行动者的主体性直接影响着作为其行动后果的社会发展变化，因而社会的发展变化规律可以因人的选择而发生改变。因此，在自然科学领域，即便是面对复杂系统的混沌现象，我们依然可以给出一定的数理模型来对其运动变化的规律进行某种描述，并用以对其未来的运动变化进行某种概率性的预测；但是，在社会科学领域，即便是对一些相对简单的事件，如小明今天放学时是用零花钱在学校门口的小商店买一块雪糕还是一包跳跳糖，我们也很难用一个简单的模型来加以描述和预测，因为决定因素不是我们的观察和历史数据，而是小明今天站在商店柜台前面做出的自由选择。更为重要的是，由于作为一种自为存在而获得的自由，小明在其自由意志主导下的选择行为，与动物按照其行为模式做出的选择有着根本的区别，它有着人的自由意志主导下的目的性。

　　作为自为存在的社会行动者，其社会行动是自觉的、目的性的。人的选择是在其自由意志主导下的自由选择，同时他也因此而必须承担选择的后果及其责任。社会科学正是以人的社会行动为主要研究对象的，这就决定了它不可能也不应该像自然科学处理自然事物那样处理社会现象。原因很简单，"自然界并不会以一种方式对待资本家，以另一种方式对待社会主义者；以不同方式对待男人和女人，以不同方式对待西方文化和东方文化"②。作为自然科学重要成果之一的核能，既可以用来发电造福人类，也可以在核战争中毁灭人类，而运用核能来做什么，却取决于人的选择。因此，同样的实证主义研究方法，在自然

---

① 萨特. 存在与虚无[M]. 陈宣良，等译. 北京：生活·读书·新知三联书店，2007：111.
② 查尔默斯. 科学及其编造[M]. 蒋劲松，译. 上海：上海科技教育出版社，2007：120.

科学领域和社会科学领域要面对截然不同的情形。离开了各种理论和其他研究方法的补充和修正，我们很难简单地将实证主义作为唯一认可的科学方法从自然科学领域推广至社会科学领域。

实际上，科学理论本身就是人的存在之自为性的最高表现之一。只有人，才会建立如此复杂的理论系统来解释这个世界。即便是自然科学，包括物理学这样的经典自然科学在内，也不过是人类认识和理解这个物质世界的一种主观的理论体系。正如波普尔曾经指出的那样，"现代物理学理论，特别是爱因斯坦理论，是高度思辨、高度抽象的，远远离开了可称为其'观察基础'的东西"①。只有纯粹事实而没有理论的科学不成其为科学。在亚历山大（Jeffrey C. Alexander）的"科学思维连续体"的两端之间，从"经验环境"到"形而上学环境"，依次有"观察、方法论假定、关联命题、复杂的与简单的命题、规则、分类、定义、概念、模型、一般预设"② 等，亚历山大认为这是一种从经验到理论再到经验的双向过程，而不是如实证主义理解的那样仅仅是从经验出发的单向过程。就人对世界认识的不断深化和科学的发展而言，在理论那一端的科学工作至少和经验一端同样重要。事实上，回顾包括教育科学在内的整个社会科学发展历史，我们不难发现，真正在历史上对社会科学具有重大推动作用的，往往是那些包括实证主义哲学家在内提出了重要理论的思想家，而不是精确描述了某一具体事实的实证研究者。

关于对人这种特殊的自为存在进行研究，还有一个重要的问题，即价值问题。在包括教育科学在内的社会科学中，价值问题是和关于经验事实的问题完全不同的另一个问题。在卡尔纳普看来，关于"善的""美的"之类的规范科学中所运用的谓词的用法，要么能够规定出经验的判据，要么没有这种判据。前一种情况下的谓词语句已经是对事实经验的陈述而不是价值判断，后一种情况下的谓词语句则是伪陈述。因此，卡尔纳普"把价值判断从理论性讨论的领域中完全排除了。他认为，价值判断的特殊内容是不可能进行理论构写的"③。石

---

① 波普尔. 猜想与反驳 [M]. 傅季重，等译. 上海：上海译文出版社，1986：364.
② 亚历山大. 社会学的理论逻辑 [M]. 于晓，等译. 北京：商务印书馆，2008：3.
③ 克拉夫特. 维也纳学派 [M]. 李步楼，陈维杭，译. 北京：商务印书馆，1999：160.

里克虽然在一定意义上为伦理学提供了某种科学化的基础，但即便在石里克那里，伦理学也可以通过根本规范来证明引申出来的规范的有效性，但它不能证明（justify）最根本的规范，它只能把接受它们作为一个事实来描述。① 从逻辑实证主义观点出发，教育学如果要实现其科学化的发展，其研究活动本身必须是价值中立的，即便是在讨论教育过程中的价值问题时，也是如此，因为它必须将教育过程中的这些价值问题当作一种科学事实来进行讨论。限于篇幅，本书对此不再展开详细的探讨。

我们之所以要特别小心对实证主义的盲目崇拜，还因为其与行为主义对当今世界教育的消极影响存在着一定的联系。霍利斯在狭义上将社会科学领域中的实证主义称作"激进的行为主义"，确实是有道理的。作为行为主义的重要领袖人物之一，斯金纳（Burrhus F. Skinner）在哲学上的一个重要作为，便是对人的自由意志，即他所说的"自主人"（autonomous man）实施了完全的解构。在他看来，"由于科学的心理学必须客观看待人的行为，将其视作由必要的法则所决定的，所以，它必须将人的行为描述为无内在目的的（unintentional）"②。斯金纳坚信，"对人类行为的科学分析必将放逐（dispossess）自主人，并使它先前被称道的施加于环境的影响反转过来"③。在一定意义上，我们必须承认，人的确是可以被剥夺自由意志的，这恰好是行为主义最危险之处，也是我们要捍卫人的自由意志的重要原因。试想，如果人不存在什么自由意志，那么，奴隶制度就应该没有什么不合理之处，强奸犯也就没有理由因为其合乎他的行为模式的行为而受到任何惩罚。更为重要的是，如果教育科学否认人的自由意志，那将意味着人类社会的历史发展从此失去目的性，向善的力量和趋恶的力量在社会历史过程中将毫无区别，我们也就没有什么根据来引导年轻一代价值观的形成与发展，因为这一切在否定了人的自由意志之后将变得毫无意义。

行为主义的危险不仅体现在宏观社会历史层面，也表现在学校教育过程的微观层面。在行为主义的影响下，当今世界学校教育都不同程度地存在着将人

---

① 克拉夫特. 维也纳学派［M］. 李步楼，陈维杭，译. 北京：商务印书馆，1999：161.
② B. F. Skinner. Beyond Freedom and Dignity［M］. England：Penguin Books Ltd.，1971：199.
③ 同②200.

的学习行为简单化、动物化的倾向。由于这种倾向的影响，我们的学校教育都不同程度地，同时却是普遍地存在着这样的倾向，即过度强调环境和训练的作用，忽视作为主体之学生的能动性，把为人的发展服务的教育曲解成对人的塑造，因而导致人的教育发生异化，从一种原本为人的发展服务的活动变成了一种压迫人的活动，以至于充满求知欲和好奇心的孩子，一旦进了学校教室，知识立刻就变成了他们的负担。这是当今世界学校教育普遍面对的一个带有根本性的大问题，它在世界各国的教室里都不同程度地存在着。教育科学要指导人类教育摆脱当前的困境，首先必须认识到进而纠正行为主义对学校教育的消极影响。面对这一重大历史任务，我们在倡导实证主义这种与行为主义存在亲密关系的方法论时，不能不采取极其小心谨慎的科学态度。

正是由于社会现象较之于自然现象的重要特殊性，对社会科学的科学发展持诠释学思路的学者们主张，"自然现象是重复发生的，没有自由意志的，因而是可量化和可预言的；社会现象则不同，社会是一个生命体，社会的发生发展与人的主体意识分不开，人类的历史不可重复，因而不可预言"[1]。他们因此为社会科学的发展规划了一条不同于实证主义的道路。尽管这条道路也和实证主义一样面对众多的困难，但它依然在实证主义之外向我们展示了社会科学发展的其他可能性。

3.4 实证精神与科学化的关键

实证主义在当初最主要的进步意义便是其理性的科学精神，而不是其具体的方法和技术。社会学和实证主义创始人孔德曾经说过："如果我们深入思考实证精神与科学观念之间的关系，而不是其与程序模式之间的关系，我们将发现

---

[1] 张庆熊. 社会科学的哲学：实证主义、诠释学和维特根斯坦的转型[M]. 上海：复旦大学出版社，2010：1.

这种哲学是通过提供相对的理念而非绝对的理念与神学-形而上学区别开来的。"[1]他主要倡导的是一种实证精神，而不只是某种简单的方法。孔德如此描述实证精神的意义："自此以后，人类智慧便放弃追求绝对知识（那只适宜于人类的童年阶段），而把力量放在从此迅速发展起来的真实观察领域，这是真正能被接受而且切合实际需要的各门学识的唯一可能的基础。"[2]他批评人类在思维发展的神学阶段，即他所说的"三阶段律"的第一阶段，"人类智慧就在那连最简单的科学问题尚未能解决的时代，便贪婪地、近乎偏执地去探究万物的本源，探索引起其注意的各种现象产生的基本原因（始因与终因）以及这些现象产生的基本方式。一句话，就是探究绝对的知识"[3]。实证主义承认人类认识能力的有限性，转而倡导将我们的认识建立在经验事实基础之上。我们接受作为一种理性的科学精神的实证主义，但不能由此而迷信所有的实证方法，甚至将实证方法当作唯一的科学方法来崇拜，因为这种迷信和崇拜恰好违背了实证主义最初追寻的科学精神。

如何判别一种理论科学与否？实证主义认为只能以直接的经验事实为判据。逻辑实证主义看到了经典实证主义的经验事实与科学理论之间的鸿沟，于是提出以"可证实性"为判据，但这很快又落入了实证主义所反对的形而上学之绝对知识的窠臼。在波普尔看来，划分科学与非科学的标准，并非逻辑实证主义的"可证实性"判据，而应当是"可证伪性"判据。用他的话来说，"衡量一种理论的科学地位的标准是它的可证伪性或可反驳性或可检验性"，"一个系统只有作出可能与观察相冲突的论断，才可以看作是科学的；实际上通过设法造成这样的冲突，也即通过设法驳倒它，一个系统才受到检验。因而可检验性即等于可反驳性，所以也同样可以作为分界标准"[4]。"可证实性"实际上依然没有摆脱形而上学绝对知识的羁绊，那是人类理智无法达到的，因而实际上也无法最后被证实，只有可证伪性才是区分科学与非科学的关键。尽管波普尔的理论

---

[1] Auguste Comte. The Positive Philosophy of Auguste Comte: Vol. 2 [M]. London: George Bell & Sons, Batoche Books Kitchener, 2000: 178.
[2] 孔德. 论实证精神 [M]. 黄健华, 译. 南京: 译林出版社, 2014: 9.
[3] 同[2]2.
[4] 波普尔. 猜想与反驳 [M]. 傅季重, 等译. 上海: 上海译文出版社, 1986: 52, 365.

亦非完美，譬如他对库恩（Thomas S. Kuhn）所说的"常规科学"时期的建设性工作重视不够，但他的"猜想-反驳"理论还是把科学方法论从逻辑实证主义向前推进了一步。

逻辑实证主义也承认以逻辑演绎为基础的理论工作的重要性，尽管这些理论工作看起来远离经验事实。亚历山大把经验和理论看作科学思维连续体的两端，并确认他称之为"后实证主义"的逻辑实证主义在这一点上与其观点的相似。"在后实证主义倾向的代表人物看来，全部科学发展是一个双轮的过程，既为经验的论证亦为理论的论证所推动。"[①] 韦伯在其《社会科学方法论》中肯定了科学理论本身的主观性："即使有关我们理论科学——比如，精确的自然科学和数学——最可靠的命题的认识亦如良心的增加和净化一样，只是文化的产物。"[②] 这种文化产物并非与经验事实毫无联系，而是经验事实的观念性反映。"我们大家都以某种形式相信，我们用以泊定我们生存的意义的终极价值观念具有超经验的有效性。这种信念并不排斥，而是包含着经验实在据以获得意义的各种具体观念不息的可变性。"[③] 因此，那些看似远离经验事实的教育科学理论，并不会因其抽象性而丧失其科学性，科学与否另有其判据。

还有一种倾向，这里必须提及，那就是我们常常把数理统计分析这种数据处理技术当作实证方法乃至科学方法的集中体现。实际上，数理统计只是一种具体的技术手段。科学研究需要数理统计，但运用了数理统计并非就一定科学，即便是在实证研究中也是如此。孔德虽然在《论实证精神》中说过"数学是唯理实证论的必然的唯一摇篮"，并将数学列于六门基本学科之首[④]，但他后来却反对把数学运用于更复杂的问题，因为它发现人类社会的很多复杂现象及其因果关系很难归结为某种简单的数学公式。数学的缜密和精确使它成为科学最重要的工具之一，但它本身并不是科学性的保证。占星术不仅以大量的经验事实观察为基础，也大量运用了数学，但这两项都不能作为其科学性的判据。实际

---

① 亚历山大. 社会学的理论逻辑 [M]. 于晓，等译. 北京：商务印书馆，2008：39.
② 韦伯. 社会科学方法论 [M]. 韩水法，等译. 北京：商务印书馆，2013：7.
③ 同②59.
④ 孔德. 论实证精神 [M]. 黄健华，译. 南京：译林出版社，2014：70-71.

上，数学的背后是逻辑，而逻辑作为理性精神的形式表达，才是科学的重要理性骨架。罗素在《数理哲学导论》中说："逻辑是数学的少年时代，数学是逻辑的成人时代。"[1] 在科学研究过程中，数学和逻辑一样，都是一种理性论证的工具，无论这种论证是纯粹理论的还是从直接的经验事实出发的。在教育学的科学化发展过程中，我们的确应当重视数理统计等技术手段的运用，但这背后是对理性的科学精神的尊崇，而不简单是对某种数据处理技术或方法的膜拜。

正如亚历山大所说的那样，"至少从第二次世界大战结束以来，社会学家愈来愈趋向于将社会科学视为一种单向的过程而实践之……即是将社会科学视为一种仅仅沿着从特定性到一般性这一维度而运动的探究而实践之"[2]。但是，社会科学的思维过程实际上是一个由经验到理论再到经验的双向过程，而不是只有从经验出发的单向过程。在推进教育学的科学化发展过程中，我们在重视从直接的经验事实出发的实证研究的同时，也不能忽视处在科学思维连续体的另一端的理论工作，并且在这两端之间的分类、概念、理论模型的建立等，都对教育学的科学化发展具有重要作用，其中的每一项工作都需要并值得我们共同投入力量来扎扎实实地做好。

在所有推动教育学之科学化发展的工作中，有些关键性的任务尤其需要我们予以足够的重视。在我看来，教育学在其科学化发展道路上需要完成三大关键性的任务："一是以经验事实为基础，建立一系列能够构成其新的研究纲领之'硬核'的基本概念体系；二是确立一整套论证方法，从而能够确实可信地证明那些能够支持其'硬核'的理论陈述；三是形成一系列严密清晰的思维规则，能够围绕其'硬核'把这些理论陈述联系起来组成一个逻辑自洽的理论体系。"[3]在这里，实证的归纳和理论的演绎都同样重要。就其中的方法而言，教育学的科学化绝不能仅仅依靠某一种方法，而是从经验到理论的一整套论证方法，并且关键还不在于这些方法及其所运用的具体技术，而在于这些方法背后的科学精神。科学化的关键在于科学精神而非具体方法和技术，方法和技术其

---

[1] 罗素. 数理哲学导论 [M]. 晏成书，译. 北京：商务印书馆，1982：182.
[2] 亚历山大. 社会学的理论逻辑 [M]. 于晓，等译. 北京：商务印书馆，2008：6.
[3] 项贤明. 论教育学作为科学之应该与可能 [J]. 教育研究，2015 (1)：16-27.

实是以反映一定精神的科学理论为基础的。秉持科学精神，我们可以运用包括实证方法在内的多种方法来推动教育学的科学化发展；丧失了科学精神，我们有可能利用实证方法来建构一种甚至足以欺骗我们自己的精致的伪科学。

就教育理论本身而言，教育学主要因为其科学性较弱而正在受到广泛质疑，其自身发展也备受拖累；就指导教育实践而言，在很多国家的教育改革过程中，教育学的作用似乎都微不足道。因此，教育学的科学化是必要的。本书并非反对实证的教育学，相反，却是赞成实证方法在教育学中的运用的。但是，本书反对将实证变成教育学的另一种教条，即简单地认为实证必然推动教育学的科学化发展。我们必须认识到，教育学的科学化发展是一个复杂的系统工程，绝不能简单地寄希望于某类实证的研究方法。西方学者运用实证方法进行教育学研究为时久矣，看看他们的教育理论在科学化发展方面到底取得了多大进展，其对教育改革的指导能力究竟有多大提升，或许可以让我们更加冷静地认识这个问题。

4

学科边界与教育学的科学化

4.1 边界模糊化与研究对象的迷失

4.2 相关学科之间的关系

4.3 作为学科的教育学及其科学化

很少有一门科学如教育学这样有着模糊的面影。即便在社会科学乃至人文学科中，像教育学一样对自身的研究对象、研究任务和学科性质等都不甚清晰——有时是自以为清晰——的学科，也不多见。综览其目前的研究内容，它包揽了政治学、管理学、伦理学、社会学等几乎所有其他学科在教育领域的研究任务，唯独其自身的主要任务却不甚明确，陈桂生先生因而称教育学为"被占领的区域"[1]。甚至就连"教育"这样的核心概念，教育学对其内涵和外延也不甚了了，乃至不得不含糊其词地弄出广义和狭义的不同解释。

在一定意义上我们可以说，教育学在科学性上面临的最大威胁并不是其在对某种普遍性的客观把握和精确描述方面的欠缺，因为正如华勒斯坦等人所言，随着复杂性和不确定性等宇宙普遍特性的不断被发现，以物理学为代表的"自然科学现在似乎更接近于以前遭到蔑视的'软性'社会科学，而不太接近于备受嘉许的'硬性'社会科学"[2]；教育学的科学化乃至其作为学科独立存续所面对的最主要威胁之一，恰恰在于其含混模糊的学科边界对其论域的清晰性乃至知识有效性的消极影响。"若想让学科发挥作用，就必须围绕着学科界限的有效性达成一定程度的共识。"[3] 给教育学描绘一个轮廓，令其形象逐渐清晰起来，对这门学科的科学化发展无疑有着重要的基础性意义。

4.1 边界模糊化与研究对象的迷失

贝尔纳（J. D. Bernal）在论及教育学的产生和发展时说，"教育学与其他各门社会科学有些不同，甚至它的科学地位还是不很牢靠的"，教育学本来应当覆盖人的全部发展过程，但"作为一门学科，它是在我们这个时代通过这样一种学校制度的种种实际困难非常缓慢地发展起来的"[4]。作为科学史学家，贝尔纳

---

[1] 陈桂生. 教育学的建构（增订版）[M]. 上海：华东师范大学出版社，2009：29.
[2] 华勒斯坦，等. 开放社会科学：重建社会科学报告书[M]. 刘锋，译. 北京：三联书店，1997：65.
[3] 同[2]103.
[4] 贝尔纳. 历史上的科学：第4卷[M]. 伍况甫，等译. 北京：科学出版社，2015：873.

从科学发展史的角度，一针见血地指出了教育学科学化发展困境的症结。

　　作为现代社会科学分支之一的教育学，其边界之所以如此模糊，关键原因之一就是它以"学校"这一时空框架，而不是以其研究对象，即教育现象自身存在的时空框架来划定其学科边界。造成这种状况的重要原因，是教育学伴随着近现代学校教育的产生发展而产生发展的学科历史。众所周知，"教育学，作为一种对教育和教学的理论研究，其历史是和师范学院的历史，在法国尤其与培养小学教师的师范学校的历史十分紧密地联系在一起的"[①]。因此，从这门学问产生那天起，学校，而非充斥着教育现象的人类社会，就成了它研究教育现象的时空框架。正是这种时空框架的错位，导致了教育学一方面将自身大量的研究对象排斥在自己的研究视野之外，另一方面又将存在于学校时空框架之中本应属于其他学科的研究任务收入囊中，以至于造成了学科边界的模糊不清。

　　独立的教育学，是伴随着近现代学校的班级教学而建立起来的，其研究视域因而也就不知不觉被限定在了学校的时空框架之中。早在智者派兴起的古希腊时期，关于教育的理论探讨就与专门从事教学的职业密切联系在一起，教学之外的教育现象并未纳入关于教育理论探讨的主要视域。在古罗马昆体良（Marcus Fabius Quintilianus）之后的一千五百年间，关于教育的理论探讨长期处于蛰伏之中。直到16世纪、17世纪学校教育兴起，对教育的理论探讨才开始复苏，时值现代诸学科的萌芽时期。教育学发轫时期的代表人物夸美纽斯在其奠定现代教育学基本框架的《大教学论》开篇"向读者致意"中即说："教学法的含义是教学的艺术。一些有才智的人，由于怜悯学校中的西西弗斯劳作（Sisyphus labour），近来想努力找到这种艺术。"[②] 夸美纽斯所说的"didactic"指的是关于教（teaching）的理论，起初主要探讨的就是欧洲传统"七艺"的教授方法，而"pedagogy"则指的是关于教育之理论与实践的学科。按照夸美纽斯的考证，"didactic"的希腊语辞源"didásko"的意思是"我教"，而"didaktikôs"

[①] 贝斯特. "教育学"一词的演变[M]//瞿葆奎. 教育学文集：教育与教育学. 北京：人民教育出版社，1993：335.

[②] 夸美纽斯. 大教学论·教学法解析[M]. 任钟印，译. 北京：人民教育出版社，2006：7.

的意思是"善教",即"深谙教学之道的人"[1]。可见,教育学从一开始就聚焦于"学校中的""教学之道",并且这里的"教学"实际上主要指的就是学校教学。对此,戴本博先生在《外国教育史》教材中曾这样评价:"17世纪的德国教育家们把目光注视在教育方法的研究上,对于教育领域中其他重要问题则很少注意,因而这些人没有给人类留下什么不朽的遗产。"[2] 科学教育学的奠基人赫尔巴特更是在其《普通教育学》中明确强调"通过教学来进行教育"的思想,认为不存在"无教学的教育",并且开篇第一章即论述"儿童的管理"[3],其《教育学讲授纲要》同样在第一条中就明确指出"教育学的基本概念就是学生的可塑性",并通篇都将教育学的论域限定在学校的时空框架内,讨论的都是学校时空框架内的问题。

人类社会的教育现象,除了教学以外,还存在着无教授的学习、未能引发学习的教授等活动。即便是教学,也不仅仅存在于学校里,而是发生在人的社会生活各个领域之中。远在近现代学校产生之前,人类就已经在从事各种各样的教育活动;近现代学校产生之后,人类的教育活动依然在学校以外的社会生活领域中广泛发生着。教育学将自身的研究视野限定在学校时空框架内,实际上是给自己确定了一个错误的学科边界,因而只能将大量的教育现象含糊地当作所谓"广义的教育"而暧昧地排斥于自己的主要研究视域之外。说它暧昧,是因为它既在广义上承认这些处于学校时空框架之外的现象也是教育现象,同时却又将自身的主要研究对象限定在学校时空框架之中。

另一方面,发生在学校之中的并非一定都是教育学的研究对象。正如家庭、车站和街道等一样,学校作为社会生活中的特定时空结构,其中存在着各种各样的社会现象。譬如:学校中存在的经济问题、管理问题和法律问题等,实际上是经济学、管理学和法学的问题,相应产生的教育经济学、教育管理学和教育法学,应归属于经济学、管理学和法学而非教育学的分支学科。与此同时,人们在经济、管理和司法等领域的社会活动对人的教育作用,虽然可能发生在

---

[1] 夸美纽斯. 大教学论·教学法解析[M]. 任钟印,译. 北京:人民教育出版社,2006:288.
[2] 戴本博. 外国教育史(中)[M]. 北京:人民教育出版社,1990:34.
[3] 赫尔巴特. 普通教育学[M]. 李其龙,译. 北京:人民教育出版社,2015:7,16.

学校之外，却仍然属于教育学的研究对象。社会生活对人的教育作用，并不因为其所存在的时空场所而有什么本质的改变。简单地以学校时空框架来限定教育学的研究对象，使教育学在迷失对象的同时模糊了自身的学科边界，影响了教育学作为一门学科的独立发展。

由于自陷于学校的时空框架，教育学还将自身的研究视域限定在"规训"（discipline）的外延之中。"discipline"源于拉丁文的"discipulus"（学习者），在盎格鲁-撒克逊时代经由法语传入英语，其义项除了"训导""知识"之外，还有"纪律"等。从词源学角度也不难看出，"规训"在教育学意义上指的是一种组织化的教学和训育活动，而不是泛指所有教育现象。在福柯的概念体系中，与"discipline"紧密联系的还有"norme"（规范）这个法文词，其派生的形容词"规范的"（normal），也就是师范学校的"师范"（normal）一词。夸美纽斯在他的《大教学论》中说"discipline"这个词在拉丁文中就是指教和学的行为，以及所教和所学的东西，而在他的教学法中则是指"用来加强教导的一种手段"①，这种手段当然是在他的泛智学校而非一般生活中使用的。从夸美纽斯的教育学理论开始，非组织化的教学就已经被排斥在教育学的理论视野之外，更不必说社会生活中的其他教育现象了。教育学从此就成为不研究全部教育现象，甚至连学校里的教育现象都不全部研究，却又以"教育学"来自称的名不副实的一门学科。于是，它在迷失研究对象的同时迷失自身，这一宿命已经确定。

教育学要以人类社会全部教育现象为研究对象，从而在一个包含所有教育现象的研究对象之间集中确证自己的学科身份，进而由对这些研究对象的分类和分析入手来建构自己的科学概念谱系和理论体系。也就是说，清楚完整地界定自身的研究对象是教育学清楚地确证其学科身份的前提，而要清楚完整地界定其研究对象，教育学必须首先突破学校时空框架。那么，教育学突破学校的时空框架以后，其边界在何处，它又如何清楚地确立自身作为一门科学的学科身份？在回答这个问题之前，我们须先理清教育学与相关学科之间的关系。

---

① 夸美纽斯. 大教学论·教学法解析 [M]. 任钟印，译. 北京：人民教育出版社，2006：306.

4.2 相关学科之间的关系

教育学的学科边界问题不仅仅是一个教育学问题。华勒斯坦等研究认为，由于社会历史的原因，"今天，社会科学的分类很不清楚，其原因在于，学科界限被以各种各样的方式弄得模糊不清了"[1]。在社会科学领域，模糊的学科边界并非教育学独有的问题，要弄清教育学的边界问题，有必要先理清它与相关学科之间的关系。当然，就教育学来说，这个问题更加特殊。社会科学的其他学科大多曾经有一个清晰的学科边界，只是后来被"弄得模糊不清了"，而教育学从产生至今一直没有找到清晰的学科边界。

剑桥大学劳埃德（G. E. R. Lloyd）教授通过对哲学、数学和科学等人类八大知识领域的历史考察得出结论，认为应当"通过一个跨学科的视角来思考各学科之间的共性与联系"，"一个学科不仅仅在内部定义自己（精英成员以此与业余爱好者或平常的从业者区分开来），还通过在外部与其他探索领域相对照而界定自身"[2]。陈桂生先生也认为，教育学的独立学科地位之所以成为问题，"同长期以来对于教育学学科地位及它同若干学科之间的关系，缺乏可靠的理论分析，也不无关系"[3]。那么，教育学和其他相关学科之间处于何种关系之中？我们对这个问题似乎一直没有一个明确的答案。一个最为常见并被广泛接受的相关判断，即是赫尔巴特所说的"教育学作为一种科学，是以实践哲学和心理学为基础的"[4]。教育学在其科学化的发展过程中当然要借鉴其他学科资源，但赫尔巴特并未止步于借鉴。他在这句话后面接着说："前者说明教育的目的，后

---

[1] 华勒斯坦，等. 开放社会科学：重建社会科学报告书［M］. 刘锋，译. 北京：三联书店，1997：103.

[2] 劳埃德. 形成中的学科：对精英、学问与创新的跨文化研究［M］. 陈恒，等译. 上海：格致出版社，2015：149，154-155.

[3] 陈桂生. 教育学的建构（增订版）［M］. 上海：华东师范大学出版社，2009：2.

[4] 赫尔巴特. 教育学讲授纲要［M］. 李其龙，译. 北京：人民教育出版社，2015：3.

者说明教育的途径、手段与障碍。"①教育的目的、途径、手段和障碍等，本来应该由教育学以其自身独特的方式来加以说明，而不是由其他学科来代为说明。由此我们可以说，赫尔巴特所担心的教育学"被占领"的过程正是由他自己开启的。越俎代庖并不能真正促进教育学的发展，而只能使教育学逐步丧失其独立的价值。

实际上，诸门学科的形成过程本身就一直与教育学有着内在的联系。"就连'discipline'（"规训""训练"，亦有"学科"义项。——引者注）这一福柯式的关键术语也有着一个可以追溯至古希腊和古罗马的教育学历史（a pedagogic history）。它产生于印欧语词根'da-'，这一词根既是希腊教育学语汇'didásko'（教）的词根，又是拉丁语'（di）disco'（学）的词根。'disciplina'本身在古典拉丁语中就已经包含了知识（知识体系）和权力（对儿童的规训和军事训练）双重意义。"②华勒斯坦等人认为，一门学科的形成步骤一般是：首先在大学设立讲席，然后是开设课程并授予相应学位，同时伴随着训练的制度化产生研究的制度化，即建立学会、创办期刊和图书馆单列书目，"学科的制度化进程的一个基本方面就是，每一个学科都试图对它与其他学科之间的差异进行界定，尤其是要说明它与那些在社会现实研究方面内容最相近的学科之间究竟有何分别"③。学科的形成过程同时也包含着相关教育过程和学科边界的勘定过程。对一门学科来说，明确的研究对象是确定其学科身份的重要依据之一，而研究人员的培养则是学科形成的核心动力。因此，"教科书、知识史和知识实践研究，通过指向不同的考察对象和研究主体来凸显学科之间的差别"④。

在大学开设教育学课程始于 18 世纪的德国，1799 年哈雷大学设立世界上第一个教育系，而教育学在大学广泛开设专门课程进行系统的学术训练，从而

---

① 赫尔巴特. 教育学讲授纲要 [M]. 李其龙，译. 北京：人民教育出版社，2015：3.
② Keith W. Hoskin, Richard H. Macve. Accounting and the Examination：A Genealogy of Disciplinary Power [J]. Accounting, Organization and Society, 1986, 11 (2)：105 - 136.
③ 华勒斯坦，等. 开放社会科学：重建社会科学报告书 [M]. 刘锋，译. 北京：三联书店，1997：32.
④ 克莱恩. 跨越边界：知识、学科、学科互涉 [M]. 姜智芹，译. 南京：南京大学出版社，2005：58.

由师范学校（normal school）教学技艺的训练变成大学进行研究和规训的一门高等学问，则是20世纪初伴随着中学教育的扩展而来的。[①] 严格说来，教育学此时才真正自立于"学科之林"了。然而，也是从这个时期开始，"education"开始逐渐取代"pedagogy"用以指称教育学，进而演变成以复数的"sciences of education"来指称参与教育研究的多门学科。从此，教育学同时获得了多个名称，在不同语言中的表述也有所不同，"这多种多样的名称反映了观点的多样性，也反映了关于教育学内容我们缺乏清晰的认识"[②]。实际上，变成复数不仅意味着学科的分化，在更大程度上是因为将其他学科引入了教育研究领域，进而导致其学科领域的分崩离析。在这个复数化的过程中，教育学其实没有真正找回自己的研究对象，相反却开始了"被占领"的学科发展历史。在这里，复数之上作为基本理论统领全局的教育学非但没有得到很好的发展，反而是面临着更大的危机。它虽然没有如神学那样在大学里迅速萎缩（这在相当程度上得益于其在教师养成过程中的应用价值），但也从来没有走进大学学科体系的核心，相反，却因其科学性屡遭质疑而时刻面临萎缩甚至消解的危险。

教育学的边界之所以难以划定，重要原因之一就是我们很难在实际的研究对象上将它与社会科学其他学科区分开来。面对具体的社会活动，正如我们很难说此种社会活动是经济现象而彼种不是经济现象一样，我们也很难说此种社会活动是教育现象而彼种不是。实际的情况是，一个具体的社会活动往往既是教育现象，也是经济现象、政治现象或文化现象等。换而言之，同一个社会活动，我们可以从不同的学科视角来对其进行研究。在一级学科的层次上，所有社会科学都是在研究同一个对象，即人的社会活动。所有社会科学的研究对象都是人的社会活动，区别在于每一门学科是从自身独特的学科视角来审视人的社会活动的。经济学从物质的生产和消费之视角来研究人的社会活动，它关注的是财富的消长；社会学从社会关系的角度来研究人的社会活动，它关注的是人类群体以及人在社会群体中的互动，并以此解释相关社会现象；心理学研究

[①②] Iveta Kestere, Iveta Ozola. Pedagogy: A Discipline under Diverse Appellations [J]. Baltic Journal of European Studies, 2011, 1 (1): 363-378.

人的行为是为了揭示人的精神世界及其变化，并从人的精神世界出发反过来解释人的社会活动，人的精神世界是其关注的真正焦点；而教育学则主要是从社会活动对人的生长发展的意义和作用这一独特角度来对其进行研究的，它主要关注的是人自身的生长发展，旨在发现社会活动在人的生长发展过程中的功能、机理和价值等。因此，教育学与社会科学其他学科之间的边界，不能从研究对象的外延，而只能从其内涵的角度来加以划分。实际上，不仅教育学如此，社会科学其他学科之间的边界也是如此。举例来说，一名教师在课堂上给一班学生讲课，就这一社会活动本身而言，它既可以是教育学的研究对象，也可以成为经济学、社会学、心理学、政治学、法学和管理学等社会科学众多学科的研究对象。在这里，诸学科之间的边界并非是社会活动本身，而是关注这一社会活动的学科视角；也就是说，社会科学不同学科不是以所研究的不同社会活动来相互区分的，而是根据各自研究社会活动的独特学科视角来界定自身的学科同一性的。

在一定程度上正是由于所有社会科学都以人的社会活动为研究对象，教育学与社会科学其他学科之间的边界才发生了双向的模糊。一方面，不仅作为经济学、管理学、社会学和法学等学科分支的教育经济学、教育管理学、教育社会学和教育法学被误认作教育学的分支学科；另一方面，经济教育学、管理教育学和司法教育学等教育学分支学科的发生和发展又受到抑制。教育学与其他学科之间的关系，还直接影响着其内部分支学科及其相互关系，这两个方面是辩证统一的。由于社会历史的原因，社会科学领域的学科交叉发展乃大势所趋，但是，学科"被占领"和"交叉"之间仍然存在着根本的区别。在学科交叉发展过程中，"多数边界跨越发生在专业这一层面上，而不是发生在整个学科上"[①]，因此，学科交叉发展并不意味着学科研究对象的根本改变。也就是说，即便教育学研究跨界进入了经济领域，它研究的对象依然是人的生长发展而不是财富的变化；经济学进入教育学领域也仍然主要关注财富的变化而非人的生长发展。之所以说教育学"被占领"，是因为它在看似学科交叉发展的过程中实际上改变

---

① 克莱恩.跨越边界：知识、学科、学科互涉[M].姜智芹,译.南京：南京大学出版社，2005：52.

了自己的研究对象，教育经济学实际上研究的是教育领域的经济问题，而不再是教育过程本身。

教育学外部学科边界的混乱也带来了其内部学科领域逻辑关系的混乱，以至于很多教育学者将教育学这个一级学科与它自身的分支学科如教学论、德育论和管理论等相提并论，进而在教育学内部再划分出一个教育学总论或教育原理这样令人费解的状况。所谓的"教育学总论"或"教育原理"，与教育学本身是什么样的逻辑关系？在这种混乱的学科体系中，谁也说不清楚。因而也有学者曾从教育学划分内部分支学科的角度探讨过教育学边界问题，如石鸥教授就认为，应当跨越教育原理、教学论和德育论的"三分科的边界"，以促进教育学的繁荣[1]。在我看来，简单跨界似乎仍然难以从根本上解决问题。实际上，这里所谓的"总论"或"原理"应当是在教学论和德育论之上的，即在一级学科层次与政治学、经济学等相并列的教育学，它以人类社会全部的教育现象为研究对象，而分别研究学校教学活动和德育活动的教学论和德育论，则是处在其学校教育学这个二级分支学科之下的三级分支学科。教育学从社会活动对人的生长发展的意义这一独特角度来研究人的社会活动，这既是它划定自身与社会科学其他学科之间边界的根本依据，也是其清理内部不同研究领域和分支学科之间关系的根本依据。

教育学要回归作为其研究对象的完整的"教育"，真正以全部教育现象存在之普遍的时空框架来划定其学科边界，才能从内外两个方面清晰地划定学科边界，进而真正开启教育学科学化发展的征程。

4.3　作为学科的教育学及其科学化

教育学要避免被其他学科"占领"，关键在于明确教育知识和非教育知识之

---

[1]　石鸥. 面临考验的教育学边界：关于教育学三分科的理论思考 [J]. 教育研究，2000 (2)：11-16.

分①。教育知识与经济学知识、法学知识等非教育知识之间的差别,主要不是由知识所描述的对象本身决定的,而是由我们认识对象的角度决定的。研究学校教学过程的并不一定是教育学,而完全有可能是经济学、社会学或心理学等其他学科。当我们从其对人的生长发展的意义和作用的角度来认识人的社会活动时,这种认识的成果便是教育知识。教育学回到作为其研究对象的全部教育现象本身,是确定教育学之边界的逻辑前提。与此同时,教育学也只有回归"教育"本身,才能从对其全部对象的科学分析与描述起步,真正启动其科学化的发展进程。

比彻和储乐从软和硬、理论(纯)和应用两个维度将学科及其相关知识分成四组,即"纯科学(如:物理学)"、"人文学科(如:历史学)与纯社会科学(如:人类学)"、"技术(如:机械工程、临床医学)"和"应用社会科学(如:教育、法学、社会管理学)",并且按照研究的客观性将其"硬度"分成四个级别:"硬纯科学"、"软纯科学"、"应用硬科学"和"应用软科学"。他们举例将教育学和法学等归入应用软科学,并以"功用性、实用性(借由软知识知道如何做)、注重专业(半专业)实践的提高、大范围地使用案例研究和案例法、成果为行为准则或规程"②等来描述这类学科知识的特点。可见,就知识分类而言,教育学并非是唯一偏软的科学,只是在软硬连续光谱上处于偏软的一端,而软硬本身并非是科学化程度的描述,而是由研究对象的复杂程度来决定的。教育学科学化的最大障碍并非是方法论上的技术问题,而是诸如学科研究对象及其分类、基本概念体系和方法理论等学科发展中的一系列基础性问题。

教育学的学科边界问题不仅涉及它与其他学科之间的关系,也涉及其内部的一系列复杂关系,其中就包括作为"学科"(discipline)的教育学与作为"科目"(subject,有时也译作"学科")的教育学之间的关系问题。赫尔巴特当初认定实践哲学为教育学的两大基础之一③,理论哲学似乎不再是教育学的基础。

---

① 陈桂生. 教育学的建构(增订版)[M]. 上海:华东师范大学出版社,2009:35.
② Tony Becher, Paul R. Trowler. Academic Tribes and Territories: Intellectual Enquiry and the Culture of Disciplines [M]. 2nd ed. London: The Society for Research into Higher Education Press, 2001: 36.
③ 赫尔巴特. 教育学讲授纲要[M]. 李其龙,译,北京:人民教育出版社,2015:3.

然而，理论哲学即形而上学对待客观世界的理性态度才是西方科学的源头，而以伦理学和政治哲学为主的实践哲学在西方哲学史中地位的凸显是后来的事情。可见，尽管赫尔巴特以教育学的科学化为鹄的，但他关于教育学两大基础的认定却已经隐含了教育学非科学化的倾向。从此，教育学长期以"科目"而非"学科"而被广泛接受。作为训练教师所需的实践性"科目"，教育学主要关注的是培养教师所需的知识结构，而不是自身知识体系的逻辑结构，因而其内容日益庞杂，内外两方面的学科边界日益模糊，并逐渐丧失了自身作为独立的科学理论体系所必需的理性焦点。正是由于我们长期以来没有对"教育科学理论与教育实践理论之间的逻辑鸿沟"[1]给予足够的重视，才导致教育学理论纠缠于实践及其具体规律而疏于普遍理论的探究，才妨碍了教育科学理论本身的建构。我这里所说的教育学作为"学科"与作为"科目"的区别，还不是简单的理论与实践的区别，而是不同知识体系及其建构逻辑的差别。

贝尔纳认为，"教育的理论在传统上追求一种教育哲学，其目的在于明确教育的真正意义。这样，它就不能不受到各门社会科学一切缺点的影响，并以一种有过之而无不及的形式出现"[2]。实际上，哲学并不是科学的障碍，而是科学的基础。关于科学和哲学的关系，宾夕法尼亚大学的科林斯（Randall Collins）教授做了很好的概括总结："科学的迅速发现表明了它的独立，甚至是它对哲学的替代；但不久之后，科学家们在更高水平的抽象上产生了新问题，这些问题最终又成为哲学关注领域的中心。"[3]作为科学的教育学不能离开哲学基础，但如果只强调实践哲学而拒斥理论哲学，那么这种哲学基础的残缺必然会影响教育学的科学化发展。这样说也并非仅仅强调理论哲学对科学的重要，理论哲学和实践哲学这两方面是辩证统一的，所有科学都存在着基础理论和应用（技术）理论的差异，而教育学因其基础性科学理论研究的匮乏，影响了它在理论上的解释力，其实践的应用自然也因此难以令人满意。

---

[1] 陈桂生. 教育学苦旅[M]. 上海：华东师范大学出版社，2012：41-48.
[2] 贝尔纳. 历史上的科学：第4卷[M]. 伍况甫，等译. 北京：科学出版社，2015：875.
[3] 科林斯. 哲学的社会学：一种全球的学术变迁理论（下册）[M]. 吴琼. 等译. 北京：新华出版社，2004：855-856.

赫尔巴特强调心理学是教育学的另一基础，教育史上因此认定赫尔巴特为"科学教育学"的奠基人。然而，教育学的学科发展史似乎并没有支持这样的历史结论，相反，教育学知识与心理学知识的边界却从此模糊起来，以至于教育学经常直接以心理学知识作为自己的知识，关于"狼孩"的解释便是典型一例。赫尔巴特没有认识到，与"科目"以实践需要和研究主题来确定其边界不同，在"学科"之间，"一般来说，边界更多的是由方法、理论及概念框架，而不是由主题来决定的"[①]。以教育为主题的并非都是教育学，其中也包括教育心理学、教育经济学等。教育学必先建立自身独特的方法、理论和概念体系，然后才能真正开始其科学化的独立学科发展。"1857年，当冯特在莱比锡建立了他的心理学实验室，认识论和心理学之间的分界开始清晰。"[②] 在这里，实验作为一种方法划定了认识论与心理学的边界。赫尔巴特显然并没有在教育学和心理学之间确定这样清晰的边界，因而也没有真正开启教育学科学化的学科发展史。正如贝尔纳所批评的那样，"几百年来教育学一直是一门学院式的、落后的学科，现在它必须满足教育全体人民的需要了。必须承认，它还没有很好地构成以便承担这个任务。一部分由于教育理论的真正意图是探求位于传达知识的实用技术背后的原则（这主要是些心理学原则），而且教育理论因此就并不比其他的心理学具有更多或更少的科学性"[③]。心理学聚焦于人的意识世界，即便研究人的活动也是为了揭示内心的意识，而教育学关注的是社会活动本身，以及这些活动所带来的人的生长发展。它们必须建立不同的方法、理论和概念体系。于是，重新划定教育学与心理学之间的学科边界，便成为教育学克服赫尔巴特传统的消极影响，从而真正开始科学化的学科发展必先完成的一项任务。

教育学的"学科"边界主要是一个抽象的理论问题，而非就具体的研究对象来强行规定一个实实在在的边界。社会活动对人的生长发展的意义这一理论视角，才是教育学划定其学科边界的根本依据。我们从理论上确定这一独特的

[①] 克莱恩. 跨越边界：知识、学科、学科互涉［M］. 姜智芹，译. 南京：南京大学出版社，2005：58.

[②] 科林斯. 哲学的社会学：一种全球的学术变迁理论（下册）［M］. 吴琼，等译. 北京：新华出版社，2004：850.

[③] 贝尔纳. 历史上的科学：第4卷［M］. 伍况甫，等译. 北京：科学出版社，2015：875.

视角，实际上也就明确了教育学研究对象的全集，同时也意味着教育学对其研究对象的回归和聚焦。和其他科学一样，教育学的科学化也始于对其研究对象的科学分类，以及在科学分类基础上的科学分析。从社会活动对人的生长发展的意义和作用的角度来审视人的社会活动，我们发现这些社会活动无外乎学习、教授、教和学的联动三类。我们可以将教育学的研究对象初步划分为这三大基本类型，进而在更细致的科学分析中逐步描绘出一个相对完整的、能够反映不同教育现象之间谱系关系的分类树状图[1]，并在此基础上借助科学的方法建构教育学独立的概念体系和理论体系，从而开启教育学科学化发展的进程。这也是我们探讨教育学之学科边界的主要目的。

划定教育学的学科边界不是为了排他，而是为了与相关学科更好地交叉融合。分工与合作从来都是辩证统一的，没有明确的分工，也就很难有很好的合作，因此，学科边界"划分的标准同时也是互补性交流和相互关系的标准"[2]，唯有清晰的学科边界才是建立科学有序的学科交叉融合的基础，否则，"被占领"甚至消解的结局就在所难免了。正如赫尔巴特当初也认识到的那样，"任何科学只有当其尝试用自己的方式，并与其邻近科学一样有力地说明自己方向的时候，它们之间才能产生取长补短的交流"[3]。与此同时，学科之间的交叉是为了增进其科学性，从而使我们能够更好地认识研究对象，"虽然艺术、宗教或许是两个例外，但是，将剩余学科连接起来的共同纽带是这样一个目标：获得在客观上能加以验证（或者，至少是可以加以辩护）的研究成果。其目的是证明相关学科靠的不仅仅是该学科的支持者所掌握的修辞技巧"[4]，而是可靠的科学方法，这里所说的科学方法不仅包括获取证据的方法，也包括进行科学分析和理论推演的方法。

教育学模糊的学科边界直接对其理论解释力和实践批判力产生了致命的消

---

[1] 项贤明. 教育现象的科学分类研究初探 [J]. 北京师范大学学报（社会科学版），2016 (4)：5-11.
[2] 克莱恩. 跨越边界：知识、学科、学科互涉 [M]. 姜智芹，译. 南京：南京大学出版社，2005：58.
[3] 赫尔巴特. 普通教育学 [M]. 李其龙，译. 北京：人民教育出版社，2015：5.
[4] 劳埃德. 形成中的学科：对精英、学问与创新的跨文化研究 [M]. 陈恒，等译. 上海：格致出版社，2015：156.

极影响，教育学因此正面临着严峻的质疑和巨大的挑战。正如当初赫尔巴特在尝试推动教育学科学化发展时说的那样，"假如教育学希望尽可能严格地保持自身的概念，并进而培植出独立的思想，从而可能成为研究范围的中心，而不再有这样的危险：像偏僻的、被占领的区域一样受到外人治理，那么情况可能要好得多"[①]。教育学回归自己完整的研究对象，从人的社会活动对人生长发展的意义和作用这一独特角度来研究社会活动。这不仅是教育学建构清晰的学科边界的起点，也是教育学作为一门独立学科开始其科学化发展的起点。

---

① 赫尔巴特. 普通教育学[M]. 李其龙，译. 北京：人民教育出版社，2015：5.

5

作为科目和学科的教育学及其科学化

5.1 教育学的三种理论形态

5.2 三种形态的发展逻辑

5.3 从学科化走向科学化

在独立的教育学之发展史上，存在着三种教育学，即作为"科目"（subject）的教育学、作为"学科"（discipline）的教育学和作为"科学"（science）的教育学。这三种教育学常常并列杂陈于我们的教育学著作和教科书中。正如奥康纳（D. J. O'Connor）所言，"如果我们阅读一本关于教育理论的或者关于教育观念历史的教科书，我们就能看到作为教育实践基础而被提出来的三种相当不同的陈述（statements）。这三种陈述，在其分别属于截然不同的逻辑族（logical families）并且因此需要用非常不同的方式来加以论证的意义上，是各不相同的"[1]。奥康纳认为，唯有将其中不同的逻辑成分区分开来，教育学才可能具备标准科学理论的逻辑状态，我们也才能对教育学的理论价值做出清晰的判断。

近现代的教育学，首先是作为训练教师所必需的"科目"而产生的，然后是在此基础上作为独立"学科"的教育学的形成，进而是这门独立学科的"科学"化发展。在这里，"科目"是学校以课程形式呈现的学术训练的单元，"学科"是知识分类中系统地组织起来的学问单元，"科学"则是"从经验事实中推导出来的"[2]知识系统。不是所有的"学科"都是"科学"，学校教学的"科目"也并非总是和"学科"一一对应的。"科目"以训练和培养的目标为鹄的，"学科"和"科学"以认识和求真为旨趣。对教育学的这些不同理论形态及其内在发展逻辑进行分析探讨，无疑有利于廓清教育学界长期争论的众多基本概念和基本理论问题，进而有利于进一步促进教育学的科学化发展。

5.1 教育学的三种理论形态

对教育学的不同理论形态，教育思想史上早就有所关注和论述。据布列钦

---

[1] D. J. O'Connor. An Introduction to the Philosophy of Education [M]. London: Routledge & Kegan Paul Ltd., 1957: 104-105.

[2] A. F. Chalmers. What Is This Thing Called Science? [M]. 3rd ed. Indianapolis: Hackett Publishing Company, Inc., 1999: 1.

卡的考证，迪尔凯姆 1911 年将教育学区分为"教育科学"（science of education）和"教育学"（pedagogy）；1921 年弗里舍森-科勒（Max Frischeisen-Köhler）将教育学分成"经验教育学"（empirical pedagogics）、"批判教育学"（critical pedagogics）和"思辨教育学"（speculative pedagogics）；1934 年，洛克纳（Rudolf Lochner）把"教育科学"（educational science）从"教育性教学法"（educational teaching）中区别开来；1970 年，伯克曼（Hans Bokelmann）划分出"解释-思辨的"（hermeneutic-speculative）、"描述-现象的"（descriptive-phenomenological）和"经验-实证的"（empirical-positivistic）三种教育学理论；等等。[1] 这些区分，都反映了现存教育学理论的构成是复杂的而非单一的，其中充满着矛盾和亟待澄清的诸多理论问题。

早在夸美纽斯的《大教学论》中，关于教育的学问就已经被明确分成了两种，一种是"互不联系的、从肤浅的经验中拾来的"，另一种则是夸美纽斯积极追寻的"用先验的方式"（a priori），"从事物本身的不变的性质去证明"，因而"教起来准有把握"的。[2] 康德在其《论教育学》中也开宗明义地写道，"教育学，或关于教育的学说，或者是自然性的，或者是实践性的"，但他认为"自然性的教育是关于人和动物共同方面的教育，即养育。实践性的教育或道德性的教育则是指那种把人塑造成生活中的自由行动者的教育"[3]。为了达成这种教育，"教育艺术中机械的东西必须被转变成科学，否则它就不能成为一种连贯的努力"[4]。比赫尔巴特大 23 岁的德国教育学家尼迈耶（August H. Niemeyor）将教育学分为两种，那种"在目的上或方法上，均有确立普遍妥洽的法则之可能"的"教育的科学"，称为"理论的教育学"；而"将此种理论应用于实际上之教育术，则称为'实地的教育学'"[5]。尼迈耶的理论受到了赫尔巴特的推崇。

---

[1] Wolfgang Brezinka. Philosophy of Educational Knowledge：An Introduction of the Foundations of Science of Education，Philosophy of Education and Practical Pedagogics [M]. Translated by James Stuart Brice and Raoul Eshelman. Netherlands：Kluwer Academic Publishers，1992：8-9.
[2] 夸美纽斯. 大教学论·致意读者 [M]. 傅任敢，译. 北京：人民教育出版社，1984：3.
[3] 康德. 论教育学 [M]. 赵鹏，何兆武，译. 上海：上海人民出版社，2005：15.
[4] 同[3]8.
[5] 雷通群. 西洋教育通史 [M]. 上海：商务印书馆（出版），1935；上海：上海书店（影印），1990：253.

科学教育学或现代教育学的奠基人赫尔巴特认定教育学应当成为一门科学，但他又认为"教育学是教育者自身所需要的一门科学，但他还应当掌握传授知识的科学"①。为满足这样的需要，他为教育学奠定了两个基础，认为"教育学作为一种科学，是以实践哲学和心理学为基础的"②。这就把教育学分成了前后不同的两个"半部"，前半部是关于教育者如何着手他的工作的"实际的考虑"，后半部则是要"在理论上说明教育的可能性"③。在他看来，这后半部教育学应当是一种将教育当作事实来解释的纯粹的科学理论。也就是说，在科学教育学的奠基人赫尔巴特那里，教育学理论体系实际上由两大部分组成：一部分是以认识为旨趣的，即科学的教育学；另一部分是以训练教师的教育实践为旨趣的，即实践的教育学。从夸美纽斯经康德、尼迈耶到赫尔巴特，随着关于教育学理论探讨的日益深入，教育学理论体系中科学理论和教育实践两种旨趣的矛盾日益明显。面对这样的矛盾，教育学者们往往难以兼顾，进退维谷。

作为赫尔巴特的门生，威尔曼（Otto Willmann）认为"科学的教育学是一种对事实的解释性科学，而实践教育学则是为行动提供一个规则和规范的系统，这些规则和规范在本质上是不能从科学知识中得出的"④。既然这些关于教育实践的规则和规范在本质上不能从科学知识中得出，这实际上就把赫尔巴特教育学理论的两个部分分割开来了。威尔曼也明确提出："理论的教育学和实践的教育学不是共存于同一领域的（co-extensive）。前者以哲学性为特征，并且是关于一般情形的，而后者关注的则是特定的情形；前者论述的是'真'和'对'，后者讨论的是将'真'和'对'变成现实的手段和工具。"⑤在这里，实践教育学旨在为教育实践活动提供关于教育活动的正确（亦即"对"）的具体规则和规

---

① 赫尔巴特. 普通教育学·教育学讲授纲要（合订本）[M]. 李其龙，译. 北京：人民教育出版社，1989：12.

② 同①190.

③ 同①.

④ Wolfgang Brezinka. Philosophy of Educational Knowledge：An Introduction of the Foundations of Science of Education，Philosophy of Education and Practical Pedagogics [M]. Translated by James Stuart Brice and Raoul Eshelman. Netherlands：Kluwer Academic Publishers，1992：210.

⑤ Otto Willmann. The Science of Education in Its Sociological and Historical Aspects：Vol. 1 [M]. Pennsylvania：Archabbey Press，1921：51.

范，而教育的科学理论旨在揭示教育领域里的"真"理。如果说以教育真理为旨归的教育学理论是关于教育的科学，则实践教育学就是关于教育的技术。二者之间的关系应当类似于科学与技术之间的关系。威尔曼没有进一步展开讨论的一个重要问题是：虽然两者都以人类的教育实践为基础，并且最终都要回到教育实践中去，但作为学科知识体系，它们之间正常的逻辑应当是科学教育学是实践教育学的理论基础，实践教育学在科学教育学的理论基础上发展而来，而不是像在他的老师赫尔巴特理论体系里那样正好颠倒过来。技术可以有科学的理论基础，也可以直接来自经验，但后者显然不能被称为"科学技术"。教育领域长期以来同样存在着以人类经验为基础的教育技艺，它们除非被重建于一定的科学理论基础之上，否则就不能被认为是"科学的"。对这种科学理论基础的追寻，恰好是赫尔巴特等教育学先贤们所苦苦追寻的。

与迪尔凯姆、威尔曼等将教育理论分为科学教育理论和实践教育理论不同，布列钦卡将教育学的前科学形态称作"教育学的艺术理论"，这是"那些早先非系统性的有关教育的思想逐步被加工成为有关教育艺术的理论或流派……并被冠以了'教育学'的名称"[①]。布列钦卡显然不满足于此种形态的教育学，而是要努力寻求一种更加明晰和精确的"教育科学"。他把教育学分成实践教育学、教育哲学和教育科学三种，并尝试运用逻辑的演绎对其中的教育科学进行深入系统的探讨。他明确地宣示了通过这种探讨推动教育学科学化的意图。在他看来，人们赖以培养教师和指导具体教育实践的教育学尚不是教育科学，而是介于传统教育学的艺术理论和科学之间的一种形态。他说："'实践理论'的地位处于'艺术'（在'实践一种能力 [practicing an ability]'或实践活动 [praxis] 的意义上）和'科学'之间。"[②]实践教育学虽然已经摆脱了传统教育学那种技艺经验的非系统性状态，但与真正的教育科学之间尚存在着明显的差异。"虽然教育科学和实践教育学都与同样的研究对象——教育有关，但两者在研究目的

---

① 布列钦卡. 教育科学的基本概念：分析、批判和建议 [M]. 胡劲松，译. 上海：华东师范大学出版社，2001：1.

② Wolfgang Brezinka. Philosophy of Educational Knowledge: An Introduction of the Foundations of Science of Education, Philosophy of Education and Practical Pedagogics [M]. Translated by James Stuart Brice and Raoul Eshelman. Netherlands: Kluwer Academic Publishers, 1992: 210.

和研究方法上却不尽相同。教育科学的目的在于获取有关教育行动领域的认知"[1]，而实践教育学则是以教育技艺的指导和提升为目的的，它"只是教育者的一种定向帮手，而不是科学的理论"[2]。在布列钦卡那里，教育哲学是关于教育的理论知识，即传统的关于教育学的形而上学理论；教育科学，则应当是在现代意义上科学化的教育学。布列钦卡通过对"教育哲学"和"教育科学"做出区分，把威尔曼所说的"理论的教育学"和"科学的教育学"之间的关系论述得更加清晰了。正如科学从哲学母体中分娩出来一样，教育科学也是传统教育理论中那些能够通过科学的方法建立在经验基础之上的理论逐步独立出来的，这使得传统的教育学理论分化成教育哲学和教育科学两部分。实践的教育学则是以包括这两部分在内的诸多相关理论为基础，针对相关教育实践提出的系统的有指导意义的教育规则和规范。

乌申斯基将教育学区分为科学的和艺术的，认为在广泛的意义上，教育学可以是一门科学，但在严格意义上，科学是客观地研究现在或过去的自然现象、人的精神现象或"同样随人的意志为转移而存在着的数学的关系与形式"的，而教育学不符合这样的标准，因此他"称教育学为艺术，而不称它为教育科学"[3]。在其《人是教育的对象》一书上卷的"序言"中，乌申斯基把教育学的"科学"与"实践"之分，转换成了"科学"与"艺术"之分，并将教育学分成两类，"一类是广义的教育学，即对教育学家来说是必需的或有用的知识汇集；一类是狭义的教育学，即教育规则的汇集"，"前者是为了达到同一个目的的一些科学的汇集，后者是从那些科学中得出来的理论，即艺术的理论"[4]。在乌申斯基看来，狭义的教育学才是真正的教育学，并且认为"教育学不是科学原理的汇集，而只是教育活动规则的汇集"[5]。这显然是一种与布列钦卡方向相反的

---

[1] 布列钦卡. 教育科学的基本概念：分析、批判和建议 [M]. 胡劲松，译. 上海：华东师范大学出版社，2001：9-10.

[2] 同[1]3.

[3] 乌申斯基. 人是教育的对象：教育人类学初探（上卷）[M]. 郑文樾，译. 北京：人民教育出版社，2007：7-8.

[4] 同[3]9-10.

[5] 同[3]8.

理论动向。在这一方向上，乌申斯基明确以具体的教育教学技艺而不是对教育现象的科学认识作为教育学应当孜孜以求的东西，从而把教育学的学科性质直接固着在了前科学状态。通过确认关于具体教育教学技艺的理论才是真正的教育学，局限于学校教学技艺的学校教育学在乌申斯基那里已经成功完成了对真正教育学的学科地位的僭越，并借此使得教育学放弃科学化发展的状态被逐步地合理化了。将科学的教育学和实践的教育学之区别误解为"广义"教育学和"狭义"教育学的区别，也是导致近现代教育学在科学化发展道路上迷失方向的重要原因之一。

教育学的"实践"（或"艺术"）、"理论"和"科学"之分，实际上反映了作为"科目"、"学科"和"科学"的教育学之间的分野和衍生关系。所谓的"实践教育学"，亦即作为一门"科目"直接用来训练教师的"教育学"，实际上是一种关于教育活动的应用理论形态的教育学，它包括了作为一名教师所需要的各种实用的教育知识和技能。正如陈桂生教授所说的那样，"教育学原是在近代初等教育趋向普及、中等教育有所发展、师资教育专业训练成为普遍需求的背景上发生的……作为师资训练教材的教育学，实际上属于'实践教育学'"[①]。实践教育学虽然也是关于教育的理论，但由于训练教师的实际教学需要，它不仅与学校教育教学实践的联系更加紧密，还秉持了实际需要优先于理论之系统性和纯粹性的原则，因此，它不局限于教育科学问题的理论探讨，还囊括了关于教育的众多其他知识，如具体的教学技能和技巧、处理师生关系的原则、维持班级秩序的组织方法、学校运营的实务知识等等，甚至将与某些教育活动相关的心理学、法学、管理学等知识也纳于一堂。作为一门独立"学科"的教育学，是在作为"科目"的教育学基础上分化出来，并通过系统化和理论化，逐步形成和完善的。教育学成为一门"学科"，意味着它在其专门的学术话语生产实践过程中，逐渐形成了一个相对独立的理论表述体系，至于这个体系是科学的还是艺术的、是形而上学的还是经验的或实践性的，"学科"一词本身并不能给出明确的标识。在诸多"学科"中，既有科学的，也有艺术的和形

[①] 陈桂生. 教育学辨："元教育学"的探索 [M]. 福州：福建教育出版社，1998：107.

而上学的。学科的理论化、系统化逐步产生了明晰化、精确化的发展驱动力，于是，作为"科学"的教育学才逐渐成为教育学界的一种相当普遍的吁求。

就教育学的实际文字表现形态而言，教育学的著作也很显然地存在着这样的分野。同样作为教育学这门"学科"的著作，专门研究教育问题的教育学著作和作为师范生教材的教育学著作，在编写目的和编写逻辑上都存在着明显的差异。作为教材的教育学著作虽然也以一定的教育认识为基础，但其内容选择、组织和表现形式等，都更强调培养教师所必需的基本知识构成，侧重于师资养成之教学目标的达成；阐述教育学之基本理论的著作，则以认识目标的实现为鹄的，因而更加注重教育学的内在学理，强调教育学理论体系的内在逻辑性及其系统性和完整性。一般来说，教育学教材是教育学这门学科作为"科目"的文字表现形态，而教育学理论专著则可能是形而上学的传统教育学文字表现形态，或者是作为"科学"的现代教育学的文字表现形态。教育学课程和相应教材的出现，表明教育学成为师范学校教学中的重要"科目"。由此启动的教育学专门的学术话语生产实践，直接推动着教育学这门"学科"的产生。独立的教育学专著的产生，本身也体现了教育学作为一门独立"学科"的形成。教育学从"科目"到"学科"再到"科学"，还要经历一个相当复杂的发展过程。

5.2 三种形态的发展逻辑

陈桂生先生认为，"对于教育学发生的自然历史过程，迄今未见较为合理的解释"[①]。在他看来，教育学经历了一个从"教"之法到"教"之学，再到"教育"之学，进而由"教育"之学发展成为"教育学"的过程。[②] 实际上，教育学的这个发展过程，就其学科表现形态而言，也就是从作为"科目"的教育学，

---

① 陈桂生. 教育学辨："元教育学"的探索 [M]. 福州：福建教育出版社，1998：19.
② 同①19 - 35.

到作为"学科"的教育学,进而到作为"科学"的教育学的发展历程。教育学正是从一个培养教师所需的"科目",发展成为一门独立的"学科",进而迈向"科学"化的发展道路的。我们可以尝试从教育学的发展历史中,慢慢清理出不同形态教育学之间的内在发展逻辑。

根据约翰斯·霍普金斯大学的罗斯(Dorothy Ross)教授在《剑桥科学史》中的考证,社会科学诸学科大致形成于1870年至1914年间。[①]不过,"虽然在19世纪前还没有任何社会科学学科存在,却存在着关于政治、财富、见识、遥远民族等的思想和实践的公认的欧洲传统"[②]。就作为社会科学之一员的教育学来说,情况大致也是如此。教育学的产生是近现代的事情,但关于教育的学问却可谓源远流长,在教育思想史中我们甚至可以一直追溯到欧洲的古希腊和我国的春秋时期。作为独立"学科"的教育学的产生,则是非常晚近的事情。从1776年至1787年,康德曾先后四次在大学讲授教育学。这一史实说明教育学作为一门"科目"的历史要早于社会科学诸"学科"形成的历史。也就是说,当教育学作为一门"科目"出现在欧洲大学的课程中时,社会科学诸学科还要等大约一百年才步入其形成时期。这一史实同时也确凿地说明了,本身是社会科学之一员的作为"科学"的教育学,其形成要晚于作为"科目"的教育学。

作为"学科"的教育学的形成,是以作为"科目"的教育学为前提条件的。关于教育学和学科之间的关系,沃威克大学的霍斯金(Keith W. Hoskin)曾说过这样一段有趣的话:"教育学属于次级学科(subdiscipline)这个观点,大家早就习以为常。可是,这个观点既不合情理,也有误导性。教育学自然已经成为'教师培训'的工具性科目,东拉西扯地掺进其他一些学科理论。不过,要是我们认为教育学与学科的关系到此为止,再无论述余地,那不仅是可悲的误导,更是一种曲解。"[③]实际上,一种知识体系,如果没有学校相关"科目"的

[①] 波特.剑桥科学史:第7卷[M].王维,等译.郑州:大象出版社,2008:178.

[②] 同①12.

[③] Keith W. Hoskin. Education and Genesis of Disciplinarity: The Unexpected Reversal [M] //Ellen Messer-Davidow, David R. Shumway, David Sylvan. Knowledges: Historical and Critical Studies in Disciplinarity. Charlottesville, VA: University Press of Virginia, 1993: 271-304.

教育规训（discipline）实践，就很难在体系化过程中形成一门"学科"，也谈不上进一步科学化为"一门"科学。英语"discipline"一词，同时有"学科"和"训练"的义项。它的拉丁语词源是"discipulus"，意思是"学习者"。这个词在盎格鲁-撒克逊时代经由法语传入英语。从"discipulus"衍生出来的名词"disciplina"，就有"知识""教学"的意思。这种词源学的史实也佐证着教学科目与学科之间的紧密联系。教育学作为科目的历史早于社会科学诸学科产生的历史，也从另一个角度佐证了教学"科目"是"学科"得以形成的重要基础。如果没有用来训练教师的作为一门"科目"的教育学，教育学就很难形成一个独立的理论体系，因而也很难产生作为一门"学科"的教育学。

　　康德认为，"人类的一切知识都是从直观开始，从那里进到概念，而以理念结束"[①]。教育学一开始就与"教"这一直观的实践活动天然地联系在一起，然后才逐渐发展成为一整套抽象的理念体系。在英语中经常有"teaching"和"pedagogy"交替使用的情况。剑桥大学的亚历山大（Robin Alexander）教授曾这样阐释"教学"（teaching）和"教育学（或曰'教学法'）"（pedagogy）之间的区别："简而言之，教学（teaching）是一种行动（act），而教育学（pedagogy）则同时是一种行动（act）和一种论述（discourse）。教育学包含了教学（teaching）的践行，以及贯彻其中并形塑教学实践的诸理论、信仰、策略和争论。"[②] "pedagogy"作为"教学法"，是与教学实践活动结合十分紧密的一整套规则和规范。严格说来，它还不是教育学，而是教育学的前身。教学法作为一个独立的科目，在教学过程中逐渐理论化，才慢慢成为一门叫作"教育学"的独立学科。虽然"pedagogy"这个乳名一直沿用下来，但"女大十八变"的"教育学"早已和"教学法"有了很大的区别。作为一门独立学科的"教育学"，已经不再满足于叙述关于教学这种行动（act）的规则和规范，它还要进一步理论化，由此阐发关于包括教学在内的各种教育活动的理论论述（discourse）。

　　教育学最初是作为训练教师所必需的一门科目而独立步入学术殿堂的。起

[①] 康德. 纯粹理性批判［M］. 邓晓芒，译. 北京：人民出版社，2004：544-545.
[②] Robin Alexander. Pedagogy, Curriculum and Culture［M］//Kathy Hall, Patricia Murphy, Janet Soler. Pedagogy and Practice: Culture and Identities. London: Sage Publications Ltd., 2008: 3.

初,在中世纪大学完成一定的研习过程,即可被授予普教资格(ius ubique docendi),这个研习过程的内容以"四艺"(quadrivium)和自然哲学、伦理哲学、形而上学、医学、法学、神学等为主,虽然也可能涉及关于人的心理和教育问题,但教育的专门学问尚无法与其他学问比肩。随着教育的逐渐普及,专门化的师范教育在欧洲产生。1771年,奥地利大公特蕾莎(Maria Theresia)命令建立师范教育系统。在奥地利师范学校每周20个小时的课程中,教育学占有3个小时。① 在德国,培养国民学校教师的"师资培训班(Lehrerseminare)的课程包括宗教、教育学(pedagogy)、教学实习(practice-teaching),以及与国民学校(Volksschule)课程有关的所有学科"②,在完成这些课程学习之后,还要先后通过三次考试,才能获得终身教职的资格证书。在1907年之后兴起的女子职业学校内,教育学也和德语、手工、家政、体育、唱歌及职业技术课程等一起列入其课程表。"中学教师的养成则没有如同培养小学教师那样独立的学校,而是主要在大学、技术学院和高等学校研修班中完成。自1737年起,有些德国大学就开设了教育学研修班(Pedagogical Seminars)以培养中学教师"③,"不少人在完成博士学位学习之后才参加教师资格考试"④,培养中学教师的课程通常包括心理学、伦理学和教育学,"教育学主要包括教育史、教学法、教育制度,以及很少的实习。唯有耶拿大学拥有自己的实习学校"⑤。可见,教育学作为训练教师的一门基本课程,其地位十分重要,其内容也相当庞杂,囊括了多门学科理论乃至教育实习等。在美国兴办第一所师范学校前夕,斯托(C. E. Stowe)博士曾考察欧洲师范教育,并在建议报告中描述了欧洲师范学校的课程情况,其中就涉及"普通教育科学,包括对教育和单纯教学之间区别的

---

① Henry Barnard. Normal Schools, and Other Institutions, Agencies and Means Designed for the Professional Education of Teachers: Part Ⅱ: Europe [M]. Hartford: Case, Tiffany and Company, 1851: 169.

② David E. Cloyd. Modern Education in Europe and the Orient [M]. New York: The MacMillan Company, 1917: 147.

③④ 同②150.

⑤ 同②151.

完整阐述"，还有"教学艺术"、"儿童管理艺术"和"教育史"等。①尽管作为师范科目的教育学仍然是多种知识的大杂烩，但成为科目，在知识生产的组织层面和实践层面，为其成为学科乃至科学，奠定了重要的基础。

从早年师范学校的教育学教材和课程大纲中可以看出，教育学的内容十分庞杂，教师在学科知识以外关于教育应当了解的各种知识，几乎全都纳入了这门课程。譬如：费城公立学校视导长（superintendent）布鲁克斯（Edward Brooks）1892年编写的《教育学课程大纲》，其"导论"从教育的本质、教育的一般原则和教育学的分支入手，"第一部分"就明确转入"教育心理学，或心灵及其教养"，"第二部分"回到"教学法，或教的科学与艺术"，"第三部分"又论及"学校经济"，"第四部分"是"教育的历史"，每一部分的具体内容也都很庞杂；新泽西州立师范学校的西利（Levi Seeley）博士编写的1906年版《基础教育学》②，全书共18章内容，包括教育理论概述、教育目的、教育科学、受教育者、课程选设、知识获得、教学方法、习惯养成、身体发展、智力发展、学习活动、意志培养、宗教教育等，罗列了教师应掌握的各种各样知识；麦克米伦公司1923年出版的希金斯牧师（Rev. James Higgins）编写的《教育学基本原理：天主教师范教材》③开篇就将教学的艺术当作一个实践问题（a practical problem）提出来，然后从教育学概述、教育概念、教育目的，到人的身体、灵魂、记忆、注意力、思维、意志、个性，再到学校管理、出勤、纪律、日常计划，乃至课程、复读和默读，等等，全部囊括其中。从学科知识的角度看，这本教材不仅包括教育学知识，而且包括心理学、管理学等众多学科知识。事实上，我们稍微浏览一下今日师范院校通行的教育学教材，内容庞杂的状况其实亦并无很大的改观。教育学教材这种内容庞杂的状况，是奥康纳所批评的教育学理论多种逻辑陈述混杂的成因，也反映了作为培养教师的师范教育一门"科目"的"教育学"，实际上是多门学科知识的混合体，与作为一门独立"学科"

---

① Daniel Putnam. A History of the Michigan State Normal School（now Normal College）at Ypsilanti Michigan [M]. Ypsilanti, Mich.：The Scharf Tag, Label & Box Co.，1899：35.
② Levi Seeley. Elementary Pedagogy [M]. New York：Hinds, Noble & Eldredge, 1906.
③ Rev. James Higgins. Fundamentals of Pedagogy：A Textbook for Catholic Teachers [M]. New York：The MacMillan Company, 1923.

的"教育学"并不是一回事。

　　教育学由"科目"发展成"学科",并非一件水到渠成的事情。正如罗斯教授在《剑桥科学史》中所说的那样,"诸学科既不是自动的科学过程的产物,也不是'自然的'范畴。它们必须把它们自己确立为权威的供应商,提供对于世界的描述……学科的形成过程必定充满着不确定性和冲突"①。罗斯认为,18世纪末,自由主义的知识精英创立了社会科学。在整个19世纪,这些自由主义的知识精英作为最主要的力量,在不断维持这些研究,进而努力把它们确立为学科。② 在这一过程中,专门的科学团体的产生对相关独立学科的形成有着十分重要的作用。"只有通过专门的科学团体的知识权威,这些自由主义的知识精英们的目的才能得以实现,这些专门的科学也才可能日益形成诸学科。"③ 相对于社会科学其他学科而言,教育学作为一门"科目"而"早产",其实并非总是一件好事。作为一个早产儿,教育学对18世纪末至整个19世纪社会科学诸学科形成及科学化过程的参与度是比较低的。或许正是因为不成熟的独立状态,才削弱了教育学参与这个学科形成过程的迫切性。教育学者们关注既成文化的传承,因而相对而言更有保守的倾向。在他们看来,教育学已经成为学校独立的课程,并且有了内容完备的教科书;作为一门独立的学问已经很好了,似乎无须如社会科学其他学科那样为独立学科地位而奋斗。然而,他们忽视了教科书的学问与现代学科的知识其实并非一回事。"中世纪的学问被看成是去掌握一批标准的教科书,这与现代的观点完全相反。在现代,人们把教育看成是去掌握某些学科,然后再考虑选择具体的教科书。"④ 教育学的保守传统,加上教育学教科书的庞杂内容,亦即教育学作为"科目"的特殊存在状态,对教育学作为一门真正独立学科的形成和发展,产生了严重的消极影响。

　　并非所有写在同一本教材或同一本书中的知识体系都可以称之为"学科"。知识体系早就存在,而学科却是一个近现代才有的东西。"关于学科的现代理念

---

① 波特,等. 剑桥科学史:第7卷 [M]. 王维,等译. 郑州:大象出版社,2008:175-176.
② 同①178.
③ 同①179.
④ 林德伯格. 西方科学的起源:公元前六百年至公元一千四百五十年宗教、哲学和社会建制大背景下的欧洲科学传统 [M]. 王珺,译. 北京:中国对外翻译出版公司,2001:402.

在19世纪的整个发展过程中浮现出来，它是一个在科学、学术和技术专长中日益专业化的产物，是在德国大学中最先得到提倡的研究理念，也是对欧洲和美国高等教育体系和管理制度的重建。大学的训练和文凭的发放在巩固专门学者共同体的持续存在方面尤为重要。"[1] 从这个角度来说，学科的形成本身就是一个教育过程。不过，专门的教育训练和专门的学术共同体的形成，并不必然会产生现代科学意义上"分科而学"的"学科"，而是在教育过程之外还要有一个使之科学化的研究过程。在这个科学化的过程中，业已形成的专业训练和专业团体，在共同的科学研究过程中形成包括科学的方法论在内的科学范式，从而推动自成体系的独立学问走向科学意义上的"学科"。在这科学化的学科形成过程中，德国的科学家们在威廉·冯·洪堡（Wilhelm von Humboldt）建立的"赋予学科更高级和更为独立的形象"[2]的新大学中同时从事教学和研究，"他们通过专业研究的讨论班为自己的学科建立独立的身份"[3]。"研究与教学合一"的柏林洪堡大学不仅作为最早的现代大学深刻地变革了世界高等教育历史，而且现代大学的兴起，对众多学科成为现代科学的历史进程也产生了深远的影响。

德国无疑也是教育学之学科化的重要策源地之一。我们如今奉为科学教育学奠基人的德国教育学家赫尔巴特，当初也试图借助哲学和心理学的权威来建立科学的教育学。在学科形成过程中，"新的学科从相邻的学术领域借用科学权威"[4]，这是普遍存在的现象。教育学在其学科化过程中最为倚重的学科之一便是心理学。无论是在欧洲还是在北美，心理学都是教育学之学科化和科学化的重要"相邻的学术领域"。这种相邻性并非仅仅由于教育过程必然要用到心理学知识，要知道和教育过程相关的学科绝非只有心理学这一门学科。《剑桥科学史》揭示了一个有趣的史实。"在二次大战之前，贵族式的英国大学大多忽视社会科学和教育。许多心理学家在大学没有机会的情况下，在师资培训学院找到

---

[1] 波特，等. 剑桥科学史：第7卷 [M]. 王维，等译. 郑州：大象出版社，2008：175.
[2][3] 波特，等. 剑桥科学史：第4卷 [M]. 方在庆，等译. 郑州：大象出版社，2010：51.
[4] 同[1]179.

工作。"① 心理学家关注教育问题，这就从学术共同体的角度，为教育学的学科化过程注入了新的重要影响因素。赫尔巴特本来也是一名哲学家和心理学家，耶拿大学毕业后应聘去瑞士一个贵族家庭担任家庭教师，后来才在哥廷根和哥尼斯堡大学找到哲学教职。了解他的这种经历，对他从哲学和心理学两个基础出发建立独立的教育学理论体系，也就不会感到惊奇了。赫尔巴特是通过引进心理学的权威来推动教育学摆脱哲学成为独立的学科，从而使康德建立独立的教育学的工作迈进了重要一步。然而，哲学和心理学的权威并不能替代教育学的科学化进程，离开了科学化的进程，教育学就不可能成为现代科学意义上的学科。我们不应由于"科学教育学之父"这个称号，就把赫尔巴特的教育学想象为一门成熟的科学。赫尔巴特对教育学摆脱哲学成为一门独立的学科，确实做出了重要的贡献，但在教育学通过科学化而真正成为现代科学意义上的"学科"这条道路上，他最多只是一个启动者。

教育学作为"科目"、"学科"和"科学"的发展逻辑还是比较清晰的。由于师资培养的需要，教育学在欧洲师范学校的教学实践中逐渐成为一门独立的"科目"，经过康德、赫尔巴特等一系列学者的努力，教育学由"科目"发展成具有自身独立的理论体系的学科。成为学科，形成独立的理论体系，是其进而走向科学的前提和必要条件，而非充分条件。赫尔巴特启动了教育学迈向科学化的步伐，但他远远没有完成教育学科学化的任务。此后，教育学还要继续努力，在科学研究过程中逐步形成自己基于经验事实的方法论体系，并在此基础上对教育事实进行可证伪的理论解释。这是教育学在科学化发展道路上成为一门现代科学意义上的"学科"的必由之路。

5.3 从学科化走向科学化

布列钦卡在《教育知识的哲学》一书的"结论"中写道："相比之下，在教

---

① 波特，等. 剑桥科学史：第7卷[M]. 王维，等译. 郑州：大象出版社，2008：547.

育科学中，建构一种关于教育表述的综合，这只是一种可能。若视之为一种理念表述系统，则教育科学将的确是关于教育之既存科学知识的'统一理论'（unified theory）。尽管如此，我们目前离这样一种综合的经验性的教育科学还很远，但从教育研究的日益专门化来看，建构一种关于教育的统一的科学理论在今天是特别的重要。"①作为关于教育知识的统一理论的教育学，业已成为一门独立的"学科"。作为"学科"的教育学，与作为师范教育的一个"科目"的教育学相比，表现出更加明显的专门化、理论化和研究化的取向。这种取向反映了教育学从学科化走向科学化，从而成为一门现代科学意义上的学科的发展动向。

我们知道，人类拥有两类不同的理性，即实现认识功能的理论理性和实现意志功能的实践理性。在康德的三大批判理论体系中，理论理性主要用来解决"真"的问题，而实践理性则是用来解决"善"的问题。在康德看来，"我们理性的一切兴趣（思辨的以及实践的）集中于下面三个问题：1. 我能够知道什么？2. 我应当做什么？3. 我可以希望什么？"②康德认为第一个问题是单纯思辨的，第二个问题是单纯实践的，第三个问题则既是理论的同时又是实践的。与这种理性区分的理论相联系，康德在《论教育学》中也分别从"自然性的教育"和"实践性的（或者道德性的）教育"两个角度来论述教育学的基本理论问题，但他把自然性的教育理解为养育，而将实践性的教育理解为关于技能、世故和品格的塑造③，却并不是从逻辑上将其分成不同的理论系统。在康德看来，教育学主要应属于实践理性的范畴，认为只有以价值教育和品格塑造为特征的实践性教育才能将人和动物区分开来。康德对教育学的这种认识，与当时教育学的实际状况是相适应的。在康德那个时代，教育学的学科陈述还没有发生分化。作为属于实践理性范畴的一门学科，教育学主要回答的是关于"善"的问题，它还没有直接面对科学所应面对的"真"的问题。

---

① Wolfgang Brezinka. Philosophy of Educational Knowledge: An Introduction of the Foundations of Science of Education, Philosophy of Education and Practical Pedagogics [M]. Translated by James Stuart Brice and Raoul Eshelman. Netherlands: Kluwer Academic Publishers, 1992: 244.
② 康德. 纯粹理性批判 [M]. 邓晓芒, 译. 北京: 人民出版社, 2004: 611-612.
③ 康德. 论教育学 [M]. 赵鹏, 何兆武, 译. 上海: 上海人民出版社, 2005: 15, 40.

教育学从一门科目发展成为一门学科不是一件自然而然的事情，它经由学科而逐步发展成为一门科学，则更是教育学人有意识地不断努力的结果。我们必须承认，教育学人在这方面的努力，尚未找到明确的方向，因而也还没有取得多少显著的成果。《剑桥科学史》在描述 1880 年以来社会科学诸学科的形成和发展时，并未将教育学置于其中，而是在描述作为社会科学之应用的"实践的社会科学"时，才对"教育"（而不是"教育学"）进行了专章论述。[①]

在教育学的科学化道路上，杜威的理论探索和教育实验方法的尝试都是十分突出的。在他看来，"在时间和重要性两方面，作为方法的科学都要先于作为专业科目（subject-matter）的科学。系统化的知识之所以是科学，只是因为它在探寻、筛选和编排上的细致性和彻底性"[②]。他在《教育科学的资源》一书中说，如果把科学限定为"数学的或那些精确的结果可以通过严格的证明方法加以确证的学科"[③]，那社会科学、心理学甚至生物学都不能算是科学。杜威认为，"科学意味着有系统的探究方法，当它们被运用于一系列事实时，能使我们更好地理解并更明智地掌控这些事实，这种理解和掌控有着更少的随意性且更少依赖于一般常规"[④]。按照这样的科学概念，杜威认为教育学作为一门科学当然是可能的。他还认为，"对一门即将成为科学（would-be science）的学科来说，在其早期阶段，我们不应责备其实验和测量结果缺乏普遍意义"[⑤]。他同时又强调："教育科学不能简单地通过向物理科学借用实验和测量的技术而建成。只有在我们发现了某种方法，可以用空间、时间、运动和质量的单位来表述精神或心理现象的时候，这种借用技术的办法才是可行的。"[⑥] 这也反映了在杜威那里，教育学的科学化道路仍然没有摆脱心理学的学科路线而在科学化路径上获得学科独立性。

[①] 波特，等. 剑桥科学史：第 7 卷 [M]. 王维，等译. 郑州：大象出版社，2008：173 - 354，469 - 645.

[②] John Dewey. Science as Subject-Matter and as Method. Science and Education [M]. Netherlands：Kluwer Academic Publishers，1995：391 - 398.

[③] John Dewey. The Sources of a Science of Education [M]. New York：Horace Liveright，1929：8.

[④] 同③8 - 9.

[⑤] 同③27.

[⑥] 同③26.

在教育学这门学科的科学化道路上，还有一个重要的转折性事件，即克拉帕雷德（Édouard Claparède）1912年在日内瓦建立教育科学研究所，以复数形式的"sciences of education"来表述"教育科学"。此后，这种表述方式逐渐在学术界得到公认。这种表述看到了教育学内容构成的复杂性，却忽视了教育学在科学化过程中应当保持一个完整统一的逻辑体系，从而保障其仍旧是一门独立的"学科"。事实上，关于教育的道德问题、法律问题、经济问题和管理问题等，及其相应的教育分支学科，都分别属于伦理学、法学、经济学和管理学的研究范畴，而不是真正的教育学分支学科。复数形式的"教育科学"的提出，反过来对教育学作为独立"学科"的地位构成了威胁，甚至有消解教育学学科地位的危险。

贝尔纳在论述教育学的科学地位问题时，将这门学科缺乏科学性的原因主要归咎于它局限于学校制度。"教育学与其他各门社会科学有些不同，甚至它的科学地位还是不很牢靠的。按照理想，教育学应当包括人类从生到死适应社会环境的全部过程以及关于人类借以建立最好的社会或者改造社会的手段的全部过程。而实际上，作为一门学科，它是在我们这个时代通过这样一种学校制度的种种实际困难非常缓慢地发展起来的，这个学校制度试图以极不充分的物力、财力、人力来满足迅速增长的教育需要。"[1] 作为杰出的科学史专家，贝尔纳的确看到了教育学的一个重要症结。教育学这门学科要成为一门科学，就必须突破作为师范科目而局限于学校教育框架这一根本局限，真正面向普遍的教育现象，树立求真的科学精神。

作为一门"学科"的教育学，要摆脱作为"科目"的教育学的局限，才有可能超越师资培养的应用旨趣，转而建立科学的求真旨趣。鲁本在《剑桥科学史》中论及20世纪70年代以后教育学面临的挑战时说："教育研究'专业的'方法与社会科学更重视理论的研究之间的紧张关系再次出现。"[2] 由于将自己的研究限定在教育"专业"（教师职业）的范畴之内，教育学一直无法摆脱作为师

---

[1] 贝尔纳. 历史上的科学：第4卷 [M]. 伍况甫，等译. 北京：科学出版社，2015：873.
[2] 波特，等. 剑桥科学史：第7卷 [M]. 王维，等译. 郑州：大象出版社，2008：553.

范教育"科目"的局限性,只能在科学化的道路上苦苦挣扎。"教育学院和教育研究不断地与它们在大学中较低的地位斗争……在社会科学研究的性质、对教育研究的职业化以及大学与小学、中学教育的联系等方面的复杂变化,已经扩大了社会科学和教育间的距离。"[1] 在教育科学领域,我们常常推崇"理论联系实际",却很少从另一个角度来思考这个问题,即若无理论,则谈不上联系实际,因为无理论的教育学本身就是实际经验的杂乱堆砌。如今的大量调研报告看似科学,实则只是科学素材的累积。局限于师范教材的教育学知识,很难突破学校的时空框架,从而在整个社会生活的视域中提出对教育现象具有普遍效用的理论阐释。把旨在训练教师的教育学教材中的知识体系等同于从科学理论的角度研究教育现象的教育学知识体系,显然妨碍了教育学的科学化发展。我们必须在以教师培养为主要效用的作为"科目"的教育学之外,建立一个以研究为旨趣的作为"科学"的教育学,教育学这门"学科"才有可能继续完成其专门化和科学化,并跻身于社会科学的行列。

教育学作为一门"学科",其实质就是一个知识分支(branch of learning),不同的知识分支有着不同的特点。奥康纳把教育学理论中的逻辑陈述分为形而上学的陈述、由价值判断组成的陈述和经验的陈述三大类[2],它们分别属于形而上学、伦理学和科学三种经典知识类型。在教育学这门学科的科学化道路上,我们要将作为师范教育"科目"的教育学知识体系中求"善"的知识还给伦理学,转而集中力量发展其中求"真"的知识。这种知识类型的转换,可以促进教育学研究从"study"到"research"的演变。为了推进教育学知识类型的科学转型,我们还要辨析既存教育学理论中的不同逻辑陈述,将其中属于伦理学范畴的价值判断清理出去,将属于科学的事实判断保留下来,逐步建立教育学自身的术语概念体系和经验陈述体系,从而将教育学这门学科改造成为现代科学意义上的学科。

将作为训练教师必需之"科目"的教育学(pedagogy)还原为"教育基础"

---

[1] 波特,等. 剑桥科学史:第7卷[M]. 王维,等译. 郑州:大象出版社,2008:553.

[2] D. J. O'Connor. An Introduction to the Philosophy of Education [M]. London: Routledge & Kegan Paul Ltd., 1957: 105-107.

课程，其中既可包含以教育科学为基础的教育技术，也可包含以教育经验为基础的教育技艺；将旨在进行关于教育之科学研究的教育学（educology）还原为作为"科学"的教育学，亦即所谓"教育科学"，这应当是作为"学科"的教育学在现代的科学表现形式。在学科规训的层面上，我们可以将教科书编写当作一个突破口。教科书在科学发展过程中的作用不可低估，一个科研成果一旦被视作"改写教科书"（textbook-rewriting）的，其重要性往往是可以载入史册的。教科书不仅沉淀着得到广泛认可的科学研究重要成果，而且在相关学科的教育规训过程中对科学的发展有着直接的影响。我们应当在大学教学科目及其相应的教科书中，彻底改变目前教育学教科书中不同学科的知识纷然交错的现状，将作为"科学"的教育学同作为形而上学的教育哲学、作为师范教育"科目"的实践教育学区分开来，分别开设课程并编写不同的教科书。在此基础上，我们可以通过学术规训来维护作为"学科"的教育学的独立学科地位，促进教育学这门学科建立自己独立的科学理论体系，从而逐步真正跻身于社会科学之林。

正如布列钦卡所言，"我们关于教育科学、教育哲学和实践教育学三种表述体系的讨论，引向一种认识。这种认识就是，教育的问题较之在传统'教学法'[①]（pedagogics）里所表达的要更为繁复"[②]。面对这种繁复的状况，我们应进一步对作为科目、学科和科学的教育学进行辨析，讨论其各自的性质及其相互之间的学理关系。这不仅是为了揭示和承认教育学面对的问题及其自身的繁多和复杂，还希望能通过这样的分析和讨论，为教育学未来的科学化发展探索一条新的可能的出路。

[①] pedagogics，有些地方翻译成"教育学"，考虑到它在这里特指用以训练教师的"the principles and methods of instruction"，故而将其译成"教学法"。

[②] Wolfgang Brezinka. Philosophy of Educational Knowledge：An Introduction of the Foundations of Science of Education，Philosophy of Education and Practical Pedagogics [M]. Translated by James Stuart Brice and Raoul Eshelman. Netherlands：Kluwer Academic Publishers，1992：243.

6

教育学科学化过程中的概念和术语问题

6.1 基本概念和术语体系的核心作用

6.2 概念和术语体系的建构

6.3 术语和概念体系的衍生层级

概念和术语在一门科学的发展过程中作用之重要，是不证自明的。作为一门科学的教育学，或曰"教育科学"（如同"物理学"之谓"物理科学"[①]），其术语和概念体系不仅反映着它的科学思维水平，也反过来影响着它的科学化发展。"教育科学的理论基础框架在很大程度上来源于实践教育学。在接受实践教育学基本观念的同时，其专业术语或专业用语也被继承和接收下来……实践教育学的专业用语或专业术语又均来源于口语或日常语言。因此，它们所指示的东西，在许多情况下并不足够精确。"[②] 教育科学的概念局限于日常语言，反映了其认识尚未超越日常经验而上升至科学理论。科学，是人对世界的一种理论认识。对教育学的术语和概念体系进行清理和反思，无疑是探索教育学科学化发展不可逾越的一项重要基础工作。

6.1 基本概念和术语体系的核心作用

基本概念（或者核心概念）体系，于一门学科而言，犹如人的骨架，发挥着极其重要的支撑作用。"正如密尔所指出的，概念是我们各种理论的核心部分"[③]，它不仅决定着这是一门什么样的学科，也是这门学科得以发生、发展的重要基础。"所有科学努力的目标，是要形成一个知识总体，即知识系统。建造科学系统的砖瓦是概念。"[④] 在某种程度上，我们的确可以这样说："科学始于概念。"[⑤] 作为一门科学的教育学应当始于何种基本概念体系，并相应建立怎样的术语体系，对教育学的科学发展来说，是一个至关重要的问题。

[①] 今天我们常说的"物理学"，与古希腊时期作为"关于自然的知识"之"physics"，已经有着很大的不同。这门知识经过科学化发展，已经成为"物理科学"（physical science）。我们所说的"教育科学"同样也是"教育学"科学化发展的结果。只是在教育学这里，这个问题已被弄得更加复杂和混乱。

[②] 布列钦卡. 教育科学的基本概念：分析、批判和建议 [M]. 胡劲松，译. 上海：华东师范大学出版社，2001：11.

[③] 戈茨. 概念界定：关于测量、个案和理论的讨论 [M]. 尹继武，译. 重庆：重庆大学出版社，2014：1.

[④] 费尔伯. 术语学、知识论和知识技术 [M]. 邱碧华，译. 北京：商务印书馆，2011：125.

[⑤] 杨晓雍. 科学始于概念 [J]. 科学技术哲学研究，1990 (4)：16-20.

所谓概念，按照国家标准的解释，即"通过对特征的独特组合而形成的知识单元"，而概念体系则是"根据概念间相互关系建立的结构化的概念的集合"①。我们通过科学研究认识到相关事物的特征，并将这些特征联系起来，在理性抽象过程中形成相应的概念；我们把这些概念再联系在一起，形成一个经验与逻辑相统一的概念体系，从而也就可以建立一种关于该事物的科学理论。教育学的概念体系既是我们对教育现象的认识成果，同时也是我们对教育现象进行科学研究和描述的工具。我们通过对教育现象的科学研究得出一系列教育学概念，并且也在这一系列教育学概念的基础上继续对教育现象进行教育科学研究。教育学概念既是我们在经验基础上进行教育科学研究的成果，同时也是我们在更高水平上进一步形成新概念，并以一系列概念为基础建立新理论的重要基础。应该承认，在教育学领域，概念性的知识目前还很不完善。教育学要继续其科学化的发展，作为"知识单元"的概念层次的基础研究是必要前提。

关于术语与概念的关系，用术语学的专业表达来说，即"通过语音或文字来表达或限定专业概念的约定性符号，叫做术语"②。按照现代术语学奠基人维斯特（E. Wüster）的解释，"术语是一个专业领域的概念指称系统"③。洛特（Д. С. Лотте）认为，"术语永远表达严格确定下来的概念"④。国家标准也规定："概念体系是建立术语体系的基础，一个概念只对应一个术语。"⑤ 如果说概念集中反映了人类对某种事物的认识，那么术语则是概念的语言（主要是书面语言）表达形式。对一门科学来说，概念和概念体系的形成过程在符号层面的表现，就是术语和术语体系的建构与完善的过程，这两者是表里统一的。不少研究学习教育学的人都抱怨教育学专业术语太少，以至于随便什么人都可以涉足

---

① 中华人民共和国国家质量监督检验检疫总局. 中华人民共和国国家标准 GB/T 15237.1—2000：术语工作——词汇·第一部分：理论与应用 [S]. 北京：中国标准出版社，2001：1-2.
② 冯至伟. 现代术语学引论 [M]. 北京：语文出版社，1997：1.
③ 维斯特. 普通术语学和术语词典编纂学导论（第三版）[M]. 邱碧华，译. 北京：商务印书馆，2011：1.
④ 孙寰. 术语的功能与术语在使用中的变异性 [M]. 北京：商务印书馆，2011：31.
⑤ 中华人民共和国国家质量监督检验检疫总局. 中华人民共和国国家标准 GB/T 19100—2003：术语工作——概念体系的建立 [S]. 北京：中国标准出版社，2003：2.

这个领域。从概念和术语的关系来看，教育学专业术语的贫乏，实际上反映了它概念体系的贫困，也反映了它对其研究对象的科学认识的严重不足。正如建筑大厦须从一砖一瓦开始一样，教育学的科学发展也需要从概念和术语体系这样的基础工作做起。

　　科学知识可以分成"概念性的知识"和"操作性的知识"两大类，前者使我们知道如何以某些概念去说明或描述现象，后者使我们知道如何使用一定的数学工具去计算相关现象的数量或尺度，以及知道如何进行观察实验以验证概念的说明和数量的计算是否正确。[①] 科学概念反映了人在感性认识基础上经过理论抽象获得的具有普遍性的理性认识。一门学科的概念体系集中反映了该学科对其研究对象的认识水平。我们常常将教育学的科学化发展寄托于操作性的知识之上，殊不知，科学不仅要告诉我们某事物"是什么"，而且要告诉我们"为什么"，甚至在某种意义上后者是科学一项更为重要的任务，也是科学超越一般经验的重要特征之一。概念和概念体系是科学知识赖以展示和展开的几种形式，离开概念性的知识，科学就不可能完成回答"是什么"和"为什么"这两项任务，尤其是难以回答"为什么"。

　　基本概念及其体系的形成并非纯粹客观的过程，而是一个主客观辩证统一的过程。马克斯·韦伯认为，社会科学的研究活动取决于抽象的假设概念的建构，社会科学理论及其研究中的一个关键性主观要素就是"理想类型"（ideal type）或"纯粹类型"（pure type），这种理想类型由特定对象在多数情况下常见的要素和特征构成。在社会科学领域，为了试图理解某一特定现象，我们不仅必须描述该现象参与者的行为，而且要解释这些行为。这里的解释，就给研究者提出了一个问题，即研究者必须尝试将这些行为归类为某种先在的"理想类型"。他以经济理论的抽象理念为例，"这类理念为我们提供了在交换经济的社会组织、自由竞争和严格合理行动情况下商品市场过程的理想图像。这种理想图像将历史活动的某些关系和事件联结到一个自身无矛盾的世界上，而这个世界是由设想出来的各种联系组成的"，"它与经验地给定的生活事实的关系仅

[①] 陈瑞麟. 科学概念的指称与投射 [J]. 欧美研究，2003，33 (1): 125-192.

仅在于：凡在由这种抽象的结构所描述的那种关系……在某种程度上发挥作用的地方，我们就能够根据理想类型、根据实际情况来说明这种关系的特征"①。这种从经验中抽象而来的、带有明显主观性的"理想类型"，是社会科学得以发生的前提，韦伯认为这也是社会科学区别于自然科学的一个主观因素。

教育学属于韦伯所说的"社会文化科学"（sociocultural science）之一，关于教育现象的理想类型，也是教育学基本概念体系的形成过程所无法回避的。无论我们怎样看待韦伯的理论，这样一个事实是确定无疑的，即"社会业已被建构成一个研究对象，正如它持续不断地通过人类的行动而被再生产（建构）出来"②，社会科学不可能直面完全脱离人主观认识的纯粹客观的社会。我们以经验为基础对人类社会的教育现象进行分析、归纳和分类，进而抽象形成关于教育现象的概念，这本身就是一个主观认识的过程，它不可避免地包含了我们用以认识和理解具体教育现象，并由此超越其个别性和片段性，从而形成相应概念的理想类型。我在《教育现象的科学分类研究初探》一文中尝试提出的"教育现象进化树"③中所列的基本概念，同样也包含了尝试说明和解释各种教育现象及其相互联系的"理想类型"。我按照概念的本体论时序关系将教育现象进化树中各基本概念组织起来，试图从教育现象发生和发展的角度来建立一个初始的教育学基本（核心）概念体系，并认为这是教育学科学化发展的重要出发点，其主要理由之一便是基本（核心）概念体系在一门科学发展中具有十分重要的基础作用。

概念和概念体系在科学理论中的作用并不限于对既存事实的描述和分析，还具有生产性的创新价值。在科学理论中，概念和概念体系可以成为我们产生新概念和新概念体系的基础，而作为概念的符号表达，术语的重要认识作用同样不可忽视。俄罗斯术语学家格里尼奥夫认为，术语在科学认识过程中不仅有记录知识和传播知识的作用，还有发现新知的作用，而术语在发现新知方面的

---

① 韦伯. 社会科学方法论 [M]. 韩水法, 等译. 北京：商务印书馆, 2013：45.
② William Outhwaite. Concept Formation in Social Science [M]. New York：Routledge & Kegan Paul Ltd., 2011：154.
③ 项贤明. 教育现象的科学分类研究初探 [J]. 北京师范大学学报（社会科学版），2016，4 (256)：5-11.

作用更多就是通过概念体系实现的。在他看来,"连单个的术语都能用作认识工具,那么构成系统的术语就能塑造作为反映对象的物质世界的认知形象,创建'世界图景'"①。孙寰把术语生产新知识的功能称作"认知功能"、"工具功能"和"启智功能",启智功能又可以进一步分为系统化功能、模式化功能、预示功能、累积功能、法律功能和信息压缩功能②,这些功能使概念和术语系统成为人们科学认识世界和认识自身的利器。教育学对教育现象的认识水平,不仅取决于它对客观的教育现象的分析和整理,也取决于它的概念和术语体系的发展水平。这两个方面相辅相成,对客观的教育现象进行分析和整理是教育学概念和术语体系形成的基础,而概念和术语体系的发展水平决定了教育学在理论上对客观的教育现象进行解释和批判的能力。

教育学的概念和术语体系作为这门学科的骨架,不仅影响着教育学理论的概貌,也影响着教育学理论的力量。"概念一经形成,便作为观察、描述、解释和说明所不可或缺的'工具'而发挥作用。"③ 教育学基本概念和术语体系的建构,是教育学科学化发展的一项基础性工作。这项工作本身也是一种科学研究,必须建立在科学的基础上,按照一定的科学原则来进行。

6.2 概念和术语体系的建构

教育学基本概念和术语体系的形成与教育现象的科学分类是紧密联系在一起的。"科学术语命名的本质是分类","关于科学术语的命名原则,归根结底,涉及最基本的'分类'问题"④。我们建立和完善教育学基本概念和术语体系的过程,实际上也是一个对教育现象进行科学分类的过程。教育现象的科学分类,是建立教育学基本概念和术语体系的科学基础。教育现象科学分类研究的匮乏,

---

① 格里尼奥夫. 术语学 [M]. 郑述谱,等译. 北京:商务印书馆,2011:235.
② 孙寰. 术语的功能与术语在使用中的变异性 [M]. 北京:商务印书馆,2011:49,52.
③ John Drysdale. How Are Social-Scientific Concepts Formed? A Reconstruction of Max Weber's Theory of Concept Formation [J]. Sociological Theory,1996,1(14):71-88.
④ 龚益. 社会科学术语工作的原则与方法 [M]. 北京:商务印书馆,2009:424.

与教育学基本概念和术语体系的贫困和混乱是直接相关的。

教育学最初的基本概念和术语体系，是我们在教育现象科学分类的基础上建立起来的。"在一项研究之初，使研究对象概念化（conceptualize）是制定研究计划的一部分，也可以说它宣示着研究的焦点。"[①] 确立教育学基本概念和术语体系，也就是为教育学确定了研究的焦点，勘定了学科的边界。教育学基本概念及其体系的建立是一个以经验为基础的从感性到理性的抽象过程，这是教育学迈向科学的起点。正如德国语言哲学家巴什（Renate Bartsch）所言，"概念的形成，就是在某些视角下，以判断相似性（同一性）和差异性（尤其是相反的或对照的）为基础，通过事物之间的关系进行排序来建构成套信息"，她把概念的形成分成两级水平，"第一级，或基础级，经验概念水平或准概念水平；第二级水平是形成（以语言）进行详细解释的概念"[②]。我们根据本体对象的某些共同特征将其归入不同的集合，并给这些集合命名，于是，在类别产生的同时，相应的概念也产生了。在巴什看来，这些概念的产生过程中存在着大量的隐喻（metaphor）和转喻（metonymy）。科学概念应该都是处在第二级水平上的，尽管科学也借用日常语言中的准概念，但主要是借用了准概念的表达形式，其目的在于使科学概念易于理解和传播。作为一种科学概念，教育学概念的建立不能止步于为相应教育现象的集合命名，而且要以科学语言进行详细的阐释以明确概念的内涵。

分类须区分彼此异同，其本身就蕴含着概念间的关系，而根据概念间相互关系建立的结构化的概念集合便是概念体系。我们用以确定概念之间关系的依据，并非布列钦卡所说的那种概念之间单纯的语义关系，而是与概念相对应的本体对象之间的关系。语义只有在描述和解释这种关系时才真正具有认识价值。布氏强调"概念解释依赖于意义分析和经验分析，依赖于对语言惯用法及其所

---

① John Drysdale. How Are Social-Scientific Concepts Formed? A Reconstruction of Max Weber's Theory of Concept Formation [J]. Sociological Theory, 1996, 1 (14): 71-88.

② Renate Bartsch. Dynamic Conceptual Semantics: A Logico-Philosophical Investigation into Concept Formation and Understanding [M]. California: Center for the Study of Language and Information Publications, 1998: 33.

指称现象的观察"①，但他在实际分析和批判过程中却过度依赖语言分析，在一定程度上忘却了现象观察和经验分析才是语用考察和意义分析的基础。对概念建构来说如此，概念间关系的确立和概念体系的建立也是如此。"在一个概念系统中，概念之间的本体论关系是建立在代表概念的各个个体在空间上或时间上的邻接性（空间上的接触或时间上的连续）的基础之上的。最重要的本体论关系的概念系统是表示'整体-部分'关系的系统以及表示发生、发展的系统。"②前文所述的"教育现象进化树"就是一种表示发生、发展的本体论关系的教育学基本概念体系。我们运用这一概念体系来描述相应人类社会主要教育现象之间的发生、发展源流和先后时序关系，作为教育学本体对象的教育现象之间的关系是这一概念体系的客观基础。

教育学基本概念和术语体系的建立，此前最为欠缺，因而也最为关键的一项任务，就是从巴什所说的第一级水平的经验概念向第二级水平的科学概念提升和转化。"在教育科学中，人们在多数情况下可以将那些已经在口头语言或者实践教育学语言中使用过的术语继续下去，只不过需要更加清楚和准确地确定和表述这些术语的意义。"③ 布列钦卡所说的这个更加清楚和准确地确定和表述术语意义的过程，也就是通过理性抽象将经验概念转化成科学概念的过程。然而，这并不是说我们在一开始就必须聚焦于精细的定义，"任何知识能称得上是一门科学，所包含的细节定然错综复杂。这样，在一门科学诞生之初，我们所做的定义难免粗疏不当。随着这门科学的知识渐趋丰富，定义才能渐入佳境"④。一个概念是否成立，并不取决于其定义的精细程度，而是取决于它是否概括了这样一些基本属性，"这些属性是任何具体事物成为那类事物的必要和充分条件"⑤。事实上，"就社会事实而言，解释只是一个中间环节……社会事实

---

① 布列钦卡.教育科学的基本概念：分析、批判和建议［M］.胡劲松，译.上海：华东师范大学出版社，2001：19.
② 冯至伟.现代术语学引论［M］.北京：语文出版社，1997：24.
③ 同①16.
④ 穆勒.逻辑体系：第1卷［M］.郭武军，译.上海：上海交通大学出版社，2014：1.
⑤ Morris R. Cohen, Ernest Nagel. An Introduction to Logic and Scientific Method［M］. New York：Harcourt，Brace and Company，1934：235.

不可与看不见的存在（entity）相类比，站在唯实论的科学观角度，正是这种看不见的存在产生出可观察的现象"[1]。教育学的基本概念并非某种看不见的教育存在的逻辑显现，而是以可观察的社会事实为基础的，从社会事实中抽象出来的，扬弃了具体社会事实的个别性，从而不同程度地获得了某种普遍性的观念体系。这种概念化过程使教育学从经验层面上升到理性层面，而基本概念体系的建构则使教育学在系统化过程中成为一种理论。当这种理性抽象和理论建构借助一定的科学方法使其建立在坚实的客观基础之上时，教育学也就跻身于科学的行列了。

术语学界将术语的分类功能也称作"系统化功能"，"人不仅能够认识、发现客观现实，而且能够为了具体的目标以某种方式积极地、有目的地组织它。这种方式应该就是术语和术语系统"[2]。我们对教育现象的认识也需要通过组织成一定的系统来建立具有普遍性的理论，教育学术语系统描述的是教育学概念与概念之间的关系，即教育学概念系统，而教育学概念系统是以它所描述的教育现象为本体论基础的。像概念的数量化分析这样的科学化实证研究大多也是以此类观念为基础的，即"概念的核心特性构成了一种所观察现象的本体论理论"[3]。布列钦卡所做的语义分析的确有利于澄清概念和术语的意义，但概念和术语体系的基础不是在语义之中，而是在客观的教育现象之中。当然，针对同样的教育现象，我们进行分类的角度不同，得出的基本概念和术语体系也会不同，因此，我们可以建构很多种教育学的基本概念和术语体系，这反映的是我们从不同视角出发对教育现象的不同认识。我所提出的"教育现象进化树"，是尝试从教育现象的发生、发展角度来对其进行分类，并以时序关系来描述各种教育现象的存在状态和相互之间的谱系关系。

按照《中国大百科全书·语言文字》对"术语"的解释，术语应当具有这

---

[1] William Outhwaite. Concept Formation in Social Science [M]. New York: Routledge & Kegan Paul Ltd., 2011: 138.
[2] 孙寰. 术语的功能与术语在使用中的变异性 [M]. 北京：商务印书馆，2011：54.
[3] 戈茨. 概念界定：关于测量、个案和理论的讨论 [M]. 尹继武，译. 重庆：重庆大学出版社，2014：18.

样几个基本特征：专业性、科学性、单义性和系统性。[①] 冯至伟先生在《现代术语学引论》中提出术语的选择应遵循准确性、单义性、系统性、语言正确性、简明性、理据性、稳定性和能产性八大原则。其中，"准确性"是指"术语要确切地反映概念的本质特征"；"单义性"是指"至少在一个学科领域内，一个术语只表述一个概念，同一个概念只用同一个术语来表达，不能有歧义"；"系统性"则是指"在一个特定领域中的各个术语，必须处于一个明确的层次结构之中，共同构成一个系统"；"理据性"是说"术语的学术含义不应违反术语的结构所表现出来的理据，尽量做到'望文生义'"；"能产性"则要求术语可以通过构词法或词组构成法来派生出新术语。[②] 俄罗斯术语学家格里尼奥夫从语义、形式和语用等语言学角度提出了术语的基本要求，如：在语义上不矛盾、单义、意义充分、没有同义词，在形式上要规范、简洁、恒常和有序等。[③] 这些原则都是我们在建构教育学基本概念和术语体系过程中应当注意遵循的，这是保障教育学基本概念和术语体系在我们的教育科学研究过程中有效发挥科学作用所要求的。

考虑到教育学的学科发展现状，在建构教育学基本概念和术语体系过程中，我们特别需要注意单义性、简明性和专业性这样三个基本原则。单义性原则对保障我们教育学学术表达的清晰有效是至关重要的。尤其是对教育学基本概念的界定，必须避免以"广义"和"狭义"的模糊方式来进行。在同一个教育学概念体系中，内涵不同的概念则应当作为不同概念来处理，譬如"广义教育"和"狭义教育"其实是处于不同层级的"教育"和"学校教学"两个不同概念，其中"学校教学"是"教学"的种概念，而"教育"是"教学"的属概念。只有在一个基本概念体系之中，而不是孤立地进行概念语义分析，我们才能清晰地界定这些概念，教育学的科学发展才能有一个坚实的基础。当我们常常困扰于你说的"教育"和我说的"教育"不是同一个概念的时候，教育学就很难以

[①] 中国大百科全书总编辑委员会《语言文字》编辑委员会. 中国大百科全书·语言文字 [M]. 北京：中国大百科全书出版社，1988：363.
[②] 冯至伟. 现代术语学引论 [M]. 北京：语文出版社，1997：1-3.
[③] 格里尼奥夫. 术语学 [M]. 郑述谱，等译. 北京：商务印书馆，2011：40.

一门科学自居，教育学的科学发展也只能是奢谈。简明性原则与单义性原则相辅相成，它不仅可以避免我们在教育学学术表述中产生误解和引起歧义，而且也有利于非专业人员理解和掌握，有利于教育学理论的普及和传播。专业性原则包括两个方面的内容，一方面是教育专业术语与日常语言相区别，另一方面则是教育学专业术语与其他不同学科之间的区别。教育学基本概念的建构，须以教育学独特的理论和方法论为基础，不简单借用相关学科概念直接作为教育学概念。虽然也会存在学科间的交叉融合，但必须坚持从教育学的学科视角来界定这些概念。简单借用其他学科，特别是心理学的概念，直接将其当作教育学概念使用，是自赫尔巴特开始就一直存在的传统做法，这也是教育学学科边界模糊不清的重要原因之一。

6.3 术语和概念体系的衍生层级

事物总是处在相互联系和不断发展变化之中的，这一事实在逻辑层面的反映，便是概念的衍生以及由此产生的概念体系层级关系。作为一种人类学事实的教育现象也不例外，因此，教育学的基本概念和术语同样也在不断衍生，并由此产生一系列可以从各种不同角度进行分析和描述的层级关系。

概念和术语体系是在逻辑层面对概念本体之间关系的描述，"概念体系由一组概念和概念间的关系所组成。对于不同的专业领域，不同的应用需求可侧重不同的概念之间的关系来建构本领域的概念体系"[①]。由于概念所指称的本体之间关系多种多样，在一个概念体系中也会存在多种不同类型的关系。事物的发展变化并非总是整齐划一、步调一致的，因而概念和术语体系中的这些概念间关系并非总是在同一层面上展开，而是往往要在多层次、多维度上次第展开，形成多层级的概念和术语体系。教育现象是一个极其复杂的社会现象，

---

① 中华人民共和国国家质量监督检验检疫总局. 中华人民共和国国家标准 GB/T 19100—2003：术语工作——概念体系的建立 [S]. 北京：中国标准出版社，2003：2.

教育学的基本概念和术语体系也一定是复杂的、多层级的。确定这些不同层级之间关系的客观基础是实际教育现象之间的关系，而不是不同概念或术语之间纯粹的语义关系。教育学的基本概念和术语体系，应当依据相关概念对应的教育现象之间的关系来建构，其目的是要准确、清晰地描绘实际教育现象之间的逻辑关系，以利于教育学更好地阐释我们社会生活中实际存在的教育现象。

我国关于术语工作的国家标准规定："概念之间的关系一般分为层级关系和非层级关系两大类型。在层级关系中包含属种关系和整体部分关系两种类型。具体到不同的应用领域，依据不同的分类标准又可以派生出多种不同的分类方式，定义出不同类型的关系。"[1]层级关系是属种关系或整体部分关系中的上位概念和下位概念间的关系[2]。教育学的基本概念和术语体系中也存在层级关系和非层级关系之分。我们以"教育现象进化树"为基础，尝试提出如图6-1所示的教育学基本概念体系。[3] 在这一概念体系中，"教育"和"学习""教学""教授"之间，以及"学习"和"适应性的学习""模仿""创造性的学习"等之间，是以整体部分关系和属种关系为基础的层级关系，而"适应性的学习"、"模仿"、"练习"、"自主的学习"、"探索性的学习"和"创造性的学习"等概念之间的本体论关系是进化时序关系，并且在人类社会现实的教育现象构成中是并列存在的，因而它们在教育学基本概念体系中是处于同一层级的，属于非层级关系。

需要注意的是，"概念体系中往往可以包含不止一种关系。完整的概念体系

---

[1] 中华人民共和国国家质量监督检验检疫总局. 中华人民共和国国家标准 GB/T 19100—2003：术语工作——概念体系的建立 [S]. 北京：中国标准出版社，2003：2.

[2] 中华人民共和国国家质量监督检验检疫总局. 中华人民共和国国家标准 GB/T 15237.1—2000：术语工作——词汇·第一部分：理论与应用 [S]. 北京：中国标准出版社，2001：2.

[3] 关于这一基本概念体系中所列概念的内涵，请参阅我发表于《北京师范大学学报（社会科学版）》2016年第4期的《教育现象的科学分类研究初探》一文。和"教育现象进化树"一样，这些概念及其构成的教育学基本概念体系，均有待进一步完善。由于图6-1旨在呈现教育学的基本概念体系，而非具体的教育学术语体系，因此，本文没有严格按照术语工作国家标准的图示格式绘制本图。由于教育学的众多基本概念不可能在很小的一张图中全部呈现出来，所以，这里列出的只是一部分基本概念；还需要说明的是，由于教育管理学、教育法学等实际上属于管理学和法学等学科的分支，所以我们这里阐述的教育学基本概念体系不包括这些分支学科相关的概念。

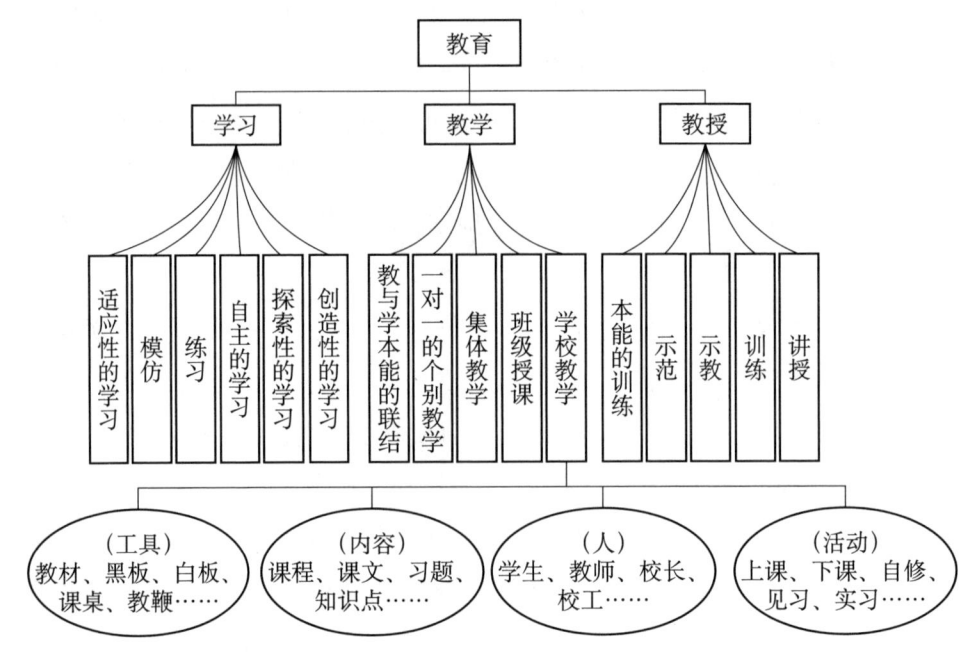

图 6-1 教育学的基本概念体系示意图

```
                        教育
        ┌────────────────┼────────────────┐
       学习             教学             教授
```

学习下层级：适应性的学习、模仿、练习、自主的学习、探索性的学习、创造性的学习

教学下层级：教与学本能的联结、一对一的个别教学、集体教学、班级授课、学校教学

教授下层级：本能的训练、示范、示教、训练、讲授

底部四组：
- （工具）教材、黑板、白板、课桌、教鞭……
- （内容）课程、课文、习题、知识点……
- （人）学生、教师、校长、校工……
- （活动）上课、下课、自修、见习、实习……

往往是由多种关系构成的一个复合体"[1]。简单地强行要求教育学的基本概念和术语体系只秉持单纯一种关系，不仅不符合基本概念和术语体系建构的逻辑，也不符合广泛存在于人类社会生活中教育现象之丰富复杂的实际情况。在图 6-1 中，"教育"和"学习""教学""教授"之间是整体部分关系，而"学习"、"教学"和"教授"各部分下一层级的同级概念之间则是时序关系，"适应性的学习"是学习的原始形态，在此基础上逐次进化产生出"模仿"、"练习"、"自主的学习"、"探索性的学习"和"创造性的学习"。虽然这几种学习在产生时间上有先有后，并且还存在着源流联系，但它们在我们的社会生活中是并列存在的，因而相应的几个概念在概念关系上属于同一层级。"教与学本能的联结"是教学的原始形态，其后逐步演化发展出日益复杂的"一对一的个别教学"、"集体教学"、"班级授课"和"学校教学"。在学校教学产生之后，即便是在学校课堂上，不仅"班级授课"普遍存在着，而且"一对一的个别教学"甚至"教与学

---

[1] 中华人民共和国国家质量监督检验检疫总局. 中华人民共和国国家标准 GB/T 19100—2003：术语工作——概念体系的建立 [S]. 北京：中国标准出版社，2003：4.

本能的联结"也依然存在着,并且发挥着重要的不可替代的作用。在"教授"这条进化发展线索上,情况也是如此。在"学校教学"的下一个层级,我们按照学校教学的工具、内容、人和活动四大类对相关概念做出初步的归类,这一层级的概念相互之间是并列的关系。由于现代教育学主要只关注学校教学过程,因而这一领域的教育学概念很多,所包含的内容十分庞杂,并且存在教育学内部学校教学内外不同领域概念之间的关系、不同学科概念之间的关系等多方面的交叉混杂,需要做更为科学细致的清理。

在教育学基本概念和术语体系的建构过程中,我们不应忽视包括学校在内的人类社会生活各个领域的各种教育现象,否则也就意味着这个基本概念体系中的"教育"概念是不周延的,而这种根本性的缺陷不仅会导致教育学基本概念和术语体系的失效,而且会给教育学的科学化发展带来严重问题。教育学的学科发展历史已经证明了这一点。就现存教育学理论中的"教育"概念而言,不仅在学校之外广泛存在着的教育现象长期被教育学忽视,而且在学校内部的社会生活中存在着的很多学校教学以外的各种教育现象,实际上也被排斥在教育学的主要视野之外。这不仅导致教育学学科边界模糊,丧失了自身的学科焦点,而且严重影响了其科学化发展。审视实际状况我们可以发现,即便是在现代的学校里,图 6-1 中所列的"一对一的个别教学"、"训练"、"讲授"、"模仿"和"练习",甚至是"适应性的学习",也仍然随时随地可能发生,并且在人的生长发展过程中发挥着极其重要的作用。当然,这并不意味着这些概念都属于学校教学领域,都要列在"学校教学"概念之下,因为它们指称的教育现象在社会生活其他领域都广泛存在,并且学校里的这些教育现象与社会生活其他领域的相关教育现象之间并不存在什么质的差别。

教育学的概念衍生是一个连续的过程,其基本概念体系中的诸概念是相互联系且处在一定的逻辑关系之中的。在对教育现象进行分类或范畴化(categorization)的过程中,我们对概念的内涵界定和外延划分是相对的和连续的。戈茨从概念定量分析的角度提出两种原型概念结构,即"必要与充分条件"和"家族相似性"。他认为"多数概念可以被看作是基于必要与充分条件结构或家族相似性结构的变式（variants）"①。概念的家族相似性意味着"由概念产生的类别或许并没有清晰的边界"，其间普遍存在着"灰色区域"②。因此，对于教育学基本概念体系及其衍生层级关系，我们应当将其看作一个整体，而不能做割裂的理解。一方面，教育学不能期望仅仅通过片面地依赖某一部分概念而获得全面完整的科学化发展；另一方面，我们也不能脱离整个教育学基本概念这个整体来片面地理解某个教育学概念。

近现代以来，教育学的术语和概念体系主要在学校教学这一分支迅速衍生扩展，很多心理学、经济学和管理学等学科的概念也大量被直接引入学校教学的研究领域，其中有些甚至根本就不是教育学的概念。然而，在学校教学以外的其他分支，教育学的基本概念则几乎没有任何进展，甚至连取得某种进展的意向都不曾有过。教育学概念体系极不平衡的衍生状况，反映了教育学自身的畸形发展，而造成这种畸形发展的重要原因之一，便是自赫尔巴特以来教育学局限于学校教学和简单借用相关学科概念与知识等的科学发展策略，以及由此导致的教育学基本概念体系及其核心作用的缺失。加强教育学基本概念和术语体系的研究和建设，是教育学科学化发展的一项带有基础性和根本性的任务。

杜威在《教育科学的资源》一书中说："简单地从自然科学那里借用实验和测量的技术并不能建立教育科学。"③教育学首先要建立自身的学科同一性，走自身独立的学科发展道路，这是其成为一门科学的前提。探索建立属于教育学自己的基本概念体系和术语体系，这又是教育学建立学科同一性所不可或缺的基础之一。

---

① 戈茨. 概念界定：关于测量、个案和理论的讨论 [M]. 尹继武，译. 重庆：重庆大学出版社，2014：23.
② 同①19.
③ John Dewey. The Sources of a Science of Education [M]. New York：Horace Liveright，1929：26.

7

教育学知识体系的逻辑同一性

7.1 知识及其学科属性

7.2 教育学知识的学科特质问题

7.3 教育学的知识清理与学科同一性的重建

每一门学科都从其独特的角度为我们提供属于该学科的知识，这是一门学科独立存在而不会被其他学科取代的重要学理基础之一。英国教育学者比彻等在论及学科的本质时，曾提出"学术可靠性、知识的主旨和内容的恰当性"[1]等作为认可一门学科得以成立的重要标准；知识本身及其内容的恰当性被置于和学术可靠性同等重要的地位。作为一门科学的教育学及其分支学科，其所提供的知识能否为自身独立的学科地位提供坚实的基础，不仅取决于它能否通过科学的研究方法等建立学术可靠性——这种可靠性已被一再证明是有限度的——还取决于它所提供的知识在内容上的独特性，以及逻辑上的恰当性。就教育学的学科发展而言，探讨教育学知识独特的学科属性，在逻辑辨洽中建立教育学知识体系的内在同一性，无疑和方法论的探讨具有同等重要的意义。

7.1　知识及其学科属性

学科以命题或陈述（statement）的形式来呈现知识，稍加注意我们就不难发现，如今的教育学知识体系中包含着远不止奥康纳发现的三种不同的陈述，而是有多种不同的陈述。由于这些陈述"分别属于截然不同的逻辑族并且因此需要用非常不同的方式来加以论证"[2]，这直接造成了教育学知识的学科属性模糊化，并且必然给教育学的知识生产带来混乱，进而给教育学带来学科同一性的危机。

在探讨关于教育学知识的问题之前，我们有必要在学术研究意义上的"学科"和教学科目意义上的"学科"之间做出一个清晰的区分。本书所说的"学

---

[1] 比彻，等. 学术部落及其领地：知识探索与学科文化（重译本）[M]. 唐跃勤，等译. 北京：北京大学出版社，2015：49. 经查阅原著，引文的原文为"academic credibility, intellectual substance, and appropriateness of subject matter"，这里的"substance"，在意指"主旨""内容"的同时，还有"本体""实体"的意思，所以这里的"知识的主旨"并非一般意义上的知识的主要意义，而是指知性实体或理智实体，即知识本身，与后面的"subject matter"（主题、主要内容）相呼应。

[2] D. J. O' Connor. An Introduction to the Philosophy of Education [M]. London：Routledge & Kegan Paul Ltd.，1957：104-105.

科"，与我们日常所说的如中小学课程中的语文、自然、社会等"学科"显然不完全是一个意思。按照道甘（M. Dogan）在《社会与行为科学国际百科全书》中的解释，"'学科'（discipline）一词，既指在各种教育专业（educational program）（如：在学校）中的组织单位，也指知识生产中的组织单位"[1]；同样，"在我国，学科基本上就是'学术分类'或'教学科目'的代名词"[2]。尽管长期以来学术界对二者鲜有明确的划界，但是"学术分类"和"教学科目"的内涵差别还是肯定的。教学中的"学科"，在严格意义上应当称作教学"科目"，其知识组织是以促进教学对象的发展为目的的；而学术研究意义上的"学科"，却是在认识论意义上生产和组织知识的。"作为一个研究领域的学科，本身不具有知识传递即教学的含义。"[3] 这种生产与传授知识的差异，以及知识组织方式的差异，不仅形成了两种"学科"之间的重要差别，也使知识本身的属性产生了根本性的分野。"在严格意义上特指某一知识领域的学术'学科'，发挥着专家领域主要标志的作用，这一标志将高等教育专业从业者和世俗大众（lay public）区分开来"[4]，因此，作为学术研究意义上的"学科"及其知识，都属于"专业"领域。在唐宁（David B. Downing）看来，"专业"不仅意味着学术工作的领域，还包含着一系列复杂的社会关系。[5] 在教学科目中，我们可以把不同学术学科的知识组织在一起。在学术学科中，不同学科生产和组织知识的方式各不相同，并且这些不同的知识生产方式和组织方式，也使知识本身表现出不同的学科属性。

这里所说的"学科"，是以科学的产生为前提的。"学科是具有特定研究对象的科学知识分支体系"[6]，而"科学与学科是整体与部分的关系……科学是全

---

[1] M. Dogan. Specialization and Recombination of Specialties in the Social Sciences"［M］//Neil J. Smelser，Paul B. Baltes. International Encyclopedia of Social and Behavioral Sciences：Vol. 22. Amsterdam，New York：Pergamon-Elsevier Science，2001：14851-14855.
[2] 庞青山. 大学学科论［M］. 广州：广东教育出版社，2006：3.
[3] 同[2]24.
[4][5] David B. Downing. The Knowledge Contract：Politics and Paradigms in the Academic Workplace［M］. Lincoln & London：University of Nebraska Press，2005：77.
[6] 王续琨. 科学学科学引论［M］. 北京：人民出版社，2017：36.

部的'分科之学',学科是局部的'分科之学'"①。我们可以说,自科学产生之时起,知识的分类就和学科的分类建立了千丝万缕不可分割的联系。从古希腊到中世纪,知识几乎一直被整体包裹在哲学"美德"和"智慧"的宝匣中,亚里士多德对知识的学科划分,只是一种理论体系化的尝试,与我们今天所说的"学科"有着根本不同的意义。"随着对高等学问的关注,哲学家们开始对知识进行分类,并提出了学问或理智知识之分支的约定。这些分类学者非常谨慎地对他们的论域进行限定"②。到中世纪晚期和文艺复兴时期,"当大学遍布全欧洲时,学者们写道:'科学已经建立了属于它自己的殿堂'"③。这个科学另立门户构筑自己的知识殿堂(the house of knowledge)的过程,本身就是一个知识分化、分类和重新组织的过程,并且这个分家的过程正是基于知识本身的差异的,它与古典的教学"七艺"有内在联系,却又有着重要的不同。"值得一提的是,中世纪的知识分支,'三艺'(trivium)和'四艺'(quadrivium),是由拉丁文的三岔路口和十字路口得名的"④,这在词源上即提示着我们知识的分化和分类。正如美国哥伦比亚大学内格尔(Ernest Nagel)教授所言,"科学无疑是组织化的知识体系,分门别类地划分和组织材料(如在生物学中,把生物分类为种)是一切科学的一项必不可少的任务"⑤,可以说,"知识分类是由哲学迈上科学的阶梯"⑥。"'科学'这个概念最基本的含义是指'知识'。从'科学'的词源看,不论是英文 science,还是德文 Wissenschaft,都源于拉丁文 scientia,即'知识'"⑦。培

---

① 王续琨. 科学学科学引论 [M]. 北京:人民出版社,2017:37.
② Fritz Machlup. Knowledge: Its Creation, Distribution, and Economic Significance: Vol. 2. [M]. New Jersey: Princeton University Press, 1982:17.
③ Martin Kintzinger. Liberty and Limit: Controlling and Challenging Knowledge in Late Medieval Europe [C]. Joseph Canning, Edmund King, Martial Staub. Knowledge, Discipline and Power in the Middle Ages. Leiden & Boston: Koninklijke Brill NV, 2011:202.
④ Marjorie Garber. Academic Instincts [M]. New Jersey: Princeton University Press, 2001:54.
⑤ 内格尔. 科学的结构:科学说明的逻辑问题 [M]. 徐向东,译. 上海:上海译文出版社,2002:3.
⑥ 李喜先,等. 知识系统论 [M]. 北京:科学出版社,2011:143.
⑦ 李正风. 科学知识生产方式及其演变 [M]. 北京:清华大学出版社,2006:57-58.

根在自称为"拯救学问于洪水之方舟"[1]的《学术的进展》[2]等著述中提出了十分详细的知识分类系统[3]，其中很多同时也是学科的分类。培根"所阐明的科学分类以及由此建立起来的科学知识体系，对全部人类知识做出了系统的划分……成为近代科学分类的先导"[4]。此后，孔德、斯宾塞（Herbert Spencer）等人的知识分类体系也都同时可以看作某种学科分类。在一定意义上我们可以说，自从科学产生之后，知识便分属于不同的学科了。

我们这里是在学术意义上来讲"知识"的，它与日常生活中的常识性知识有着重要的区别。关于这种学术型的知识，"标准的知识概念一直是：它是真的、有证成的信念"[5]，或者表述为"S 知道 p，当且仅当：（1）S 相信 p。（2）p 是真的。（3）S 关于 p 的信念是有证成的"[6]。"证成"作为此类知识的构成要件，自然赋予了这种知识学科的属性。1963 年，盖梯尔（Edmund Gettier）提出反例，证明这三个要素只能构成知识的必要条件而非充分条件，学术界公认盖梯尔提出的"这类反例是无可辩驳的"[7]，并提出了非假信念条件、决定性理由条件、因果条件和可挫败性（defeasibility）条件，作为构成知识的充分必要条件。在如此复杂的条件限定下，学术知识与常识性知识之间的界限更加明晰，学术知识亦更因学科而分野，进而构成以学科分类为背景的复杂的学科知识谱系。福柯（Michel Foucault）曾从学科话语生产实践的视角来这样界定知识：这个由某种话语实践按其规则构成的并为某门科学的建立所不可缺少的成分整体，尽管它们并不是必然会产生科学，但我们可以称之为知识。[8]知识，构成了作为一种话语生产实践的学科得以成立的要件之一，并因学科话语实践而

---

[1] Kimberley Skelton. The Malleable Early Modern Reader：Display and Discipline in the Open Reading Room [J]. Journal of the Society of Architectural Historians，2014，73（2）：190.

[2] 培根. 学术的进展 [M]. 刘运同，译. 上海：上海人民出版社，2007：64-108.

[3] 皮尔逊. 科学的规范 [M]. 李醒民，译. 北京：商务印书馆，2012：379.

[4] 刘运同. 中文版前言 [M] //培根. 学术的进展. 刘运同，译. 上海：上海人民出版社，2007：3.

[5] 波伊曼. 知识论导论：我们能知道什么？[M]. 洪汉鼎，译. 北京：中国人民大学出版社，2008：103.

[6] 同[5]90.

[7] Robert K. Shope. The Analysis of Knowing：A Decade of Research [M]. New Jersey：Princeton University Press，1983.

[8] 福柯. 知识考古学 [M]. 谢强，马月，译. 北京：生活·读书·新知三联书店，1998：235.

得以界定和确证。因此，学术知识天然分属于一定的学科，并因而总是带有一定的学科属性。

在教育学的学科领域，知识的类型构成十分复杂，但在很多情况下，我们往往简单地认为教育领域的知识问题就是我们教给学生的那些知识内容，并且认为这些内容也就是学术学科的知识本身，而对教学科目知识和学术学科知识之间的区别缺乏认识，对教育学自身的知识更是很少关注。教育学界探讨知识问题的大量文献所关注的"知识"，大多指的是要教给学生的作为教学科目的"学科"知识，而关于教育学自身之知识的探讨却不多见，并且在很多情况下，我们还常常把"教学内容知识"和学科"知识"混为一谈。舒尔曼（Lee Shulman）将作为教学科目的"学科"知识称作"教学内容知识"（pedagogical content knowledge），认为"教学内容知识代表了内容和教学法的融合"[1]，它存在于"内容知识（content knowledge）和教学知识（pedagogical knowledge）的交汇处"[2]。"教学内容知识"是一种将教育教学专家对学科内容的理解和学科专家对该内容的理解区分开来的特殊知识。我们可以将这种教学内容知识看作是教师按照教育学知识体系的逻辑对相关学科知识及其呈现形式的重组和有限且适当的改造，从而使其更加适于教学。这也是区别作为中学教学科目的"物理"与物理学家研究的"物理学"的重要知识表征。作为教学科目，我们可以将一部分物理学的知识组织成一门"物理"课程，也可以将物理学、化学等多学科知识组织成一门"科学"课程，这本身也说明了教学科目组织知识的逻辑不同于学术意义上的"学科"。

学科及其知识的分类，与学科研究对象的分类之间的确是密切相关的，但我们不能因此就认为学科和知识的分类就是各个学科所研究对象的分类。不同学科可以研究同一个对象，并从本学科的角度生产出各不相同的知识。因此，对存在于教育领域的对象进行研究而产生的并非都是教育学知识，研究学校以

---

[1] Lee Shulman. Knowledge and Teaching: Foundations of the New Reform [J]. Harvard Educational Review, 1987, 57 (1): 1-22.

[2] Hope Mayne, Pedagogical Content Knowledge and Social Justice Pedagogical Knowledge: Re-Envisioning a Model for Teacher Practice [J]. Research in Educational Administration & Leadership, 2019, 4 (3): 701-718.

外的对象所生产出来的也并不一定就不是教育学知识。知识虽然是主观世界对客观世界的某种反映，但它本身并非就是客观世界。证成作为知识必要的构成要件之一，就已经说明了这一事实。知识的学科属性源于生产知识的学科话语实践，而不是取决于学科研究的对象。任何以具体研究对象来划定学科边界的做法，在学理上往往都是无效的；任何以具体研究对象为依据对知识学科属性进行的判定，也往往是不可靠的。一种知识是否是教育学知识，不取决于它所描述的对象是不是存在于教育领域之内，而是取决于我们是不是从教育学的角度去研究这个对象并生产出这种知识的。

一门学科以自己所提供的独特知识而立，不是以自己独占的研究对象而立，甚至也不是以其独有的研究方法而立。知识是一门学科得以成立的不可或缺的组成部分，但它是由话语实践按照某种规则所构成的。而不是由学科研究的对象实体本身构成的。因此，就学科的独特性而言，知识的学科属性十分重要。知识生产上的不可替代性，是一门学科稳定地自立于学科之林的必要条件之一。我们常见的那种认为唯有独特的研究对象和研究方法方能赋予教育学学科独立性的观点，实在是一种误判。认为只要应用实证的研究方法进行教育学研究，教育学就可以发展成为一门具有稳定性和独立性的科学的想法，其实也是无学理依据的想象。实际上，即便在物理学这样的经典科学中，实验等实证方法主要也是用于验证而非发现和生产知识。教育学的贫困，归根结底是知识的贫困。教育学的学科地位危机，根源于它难以生产出有效的且带有明显教育学学科属性的知识，因而在教育教学过程、教育改革和发展实践中，不能充分地发挥一门科学应当发挥的独特而有效的知识生产效能。要确立和巩固教育学的独立学科地位，澄清教育学知识的学科特质，通过知识辨析来确证教育学知识的这种学科特质，是十分必要的。

7.2 教育学知识的学科特质问题

学术意义上的"知识"总是天然地带有学科属性。一门学科能否生产出属于本学科的有效知识以满足人们的需要,是检验该学科独立价值的核心标准之一。澄清教育学知识的学科特质,明确其区别于其他学科知识的学科属性,无疑是教育学建立和确证自身独立学科地位和学科价值的关键性学理操作之一。

在包括教育学在内的几乎所有学科形成和发展过程中,"差异化(differentiation)是学科用来保护自己免受入侵和避免自我怀疑的一种策略"[①]。本学科学术术语体系的建立,往往就是这种差异化学科话语实践的结果之一。这种差异化的过程,突出表现为知识分类对学科边界的划分和强化。在学科的形成过程中,除了大学的学术训练和学术组织等因素之外,目录学(catalogue)的发展也发挥了关键性的作用。在历史上,"目录学在图书馆、博物馆和档案馆'拯救学问于洪水'的努力中发挥着重要作用,这种努力正是通过对图书、器物和文件进行分类排序并使之为日益广大的社群所知晓来达成的"[②]。至今,图书馆的书目编排仍然对知识和学科分类有着极其重要的影响。在一定意义上我们可以说,专业学术训练和目录学对知识的分类,是推动学科专门化或差异化发展的两股相互交叠的重要力量。教育学在图书分类中是自何时起成为一个独立学科类目的,如今已经很难查考,但知识的分类和组织方式及其差异化,对教育学的学科形成与发展的推动作用却是毋庸置疑的。

以知识的学科特质为划分依据的知识分类,同时也不断强化着各种知识的不同学科特质。"近代学科的确立过程实际上是一个在摆脱了基督教的束缚后,通过语言的发展引发表象秩序与物质秩序分离,对事物世界进行分类和秩序化的过程。"[③] 在这个过程中,知识的分类与事物的分类并不是一回事。我们可以从很多角度对知识进行分类,譬如我们可以在哲学层面上将知识区分为"经验的(或者后验的,a posteriori)知识、非经验的(或者先天的,a priori)知识、描述的知识(一种命题的知识)、亲知的知识(一种非命题的知识)以及如何做

---

① Marjorie Garber. Academic Instincts [M]. New Jersey: Princeton University Press, 2001: 57.
② Heather Macneil. Catalogues and the Collecting and Ordering of Knowledge (I): ca. 1550 – 1750 [J]. Archivaria, 2016 (82): 27 – 53.
③ 茂木健一郎. 通识:学问的门类 [M]. 杨晓钟,等译. 南昌:江西人民出版社,2019: 10.

某事的知识"①，教育学的知识也包含所有这些类型。不过，我们这里主要是从学科的角度来探讨教育学知识的，旨在借由对知识的学科特质和学科自身同一性这两个相互联系的问题进行分析，澄清教育学的学科同一性。从知识学的角度，我们可以将学科理解为"按照学术知识的功能集结知识的一种组织方法与组织结构"②。教育学知识区别于其他学科知识的特质，是教育学学科同一性的核心和基石。

知识的学科分类，与知识以及生产该类知识之学科的社会功能又是密切相关的。"每一位执行某项社会角色的个体，都被他的社会圈子认为具有或者他自信具有正常的角色执行所必不可少的知识。"③ 教育学知识，是教育者（不限于教师）所必须具备的，是一个人执行教育者这一社会角色的必要且非充分的条件。也就是说，教育者必须具备教育学知识，但教育者所必须具备的并非都是教育学知识。我们可以将其当作判定一种知识是教育学知识的一个准则；一门学科之所以能够产生并独立存在，根本原因在于它能够生产出某种独特的知识以满足社会需要。教育学作为一门独立学科而存在，说明必定有某种只属于教育学的专门知识。我们由此可以确立另一条判定教育学知识的准则，即唯有教育学才是主要生产和提供这种知识的学科；作为某一学科学术话语实践专属产物的本学科知识，总是和该学科主旨密切关联，并服务于该学科的主要社会功能的。这一条，可以作为我们判定某种知识是否是教育学知识的第三个准则。

教育学的学科主旨至今并未辨析得十分清晰，这也是教育学知识的学科特质不够明晰和突出的重要原因之一。教育学学科主旨不明晰，和教育学自身发展历史的特殊性有关。从作为师范教育科目之一因而主要关注课堂教学的教学论（pedagogy），到以整个教育领域内各种社会现象为研究对象的教育科学群（sciences of education），再到以全部教育现象为研究对象的全面的、整体的、

---

① 莫塞，等. 人类的知识：古典和当代的方法 [M]. 厦门大学知识论与认知科学研究中心，译. 厦门：厦门大学出版社，2018：1-2.
② 陈洪澜. 论知识的组织与融通 [M]. 北京：中国社会科学出版社，2013：234.
③ 兹纳涅茨基. 知识人的社会角色 [M]. 郑斌祥，译. 南京：译林出版社，2000：17.

独立的教育学（educology）①，教育学的学科主旨一直处于细微的变动之中。但不管怎么说，教育学的主旨一定是关于教育现象而不应是其他现象的，因而教育学知识也一定是关于教育现象的，而不是关于政治的、经济的、法律的等社会现象的。然而，什么才是教育现象？对这个根本问题，教育学至今仍很难做一个明确的回答。不过，虽然在理论上没有明确的标准答案，我们在经验中却可以明确分辨出什么是教育。关于教育概念的理论阐述不明确，问题在于关于教育知识的理论辨析不够明确，而不在于教育现象本身。对教育学知识的学科特质进行辨析，也是我们关于教育的知识走向明晰的重要工作之一。

我们说学科的产生是近代的事情，是因为古代社会"经验试错式"和"哲学思辨式"的知识生产方式，"都没有使科学知识生产成为独立的社会活动，社会也没有提供使科学家成为独立的社会角色的条件和保障"②。与自然科学以及社会科学很多其他学科相比，教育学的知识生产在很多方面更依赖于经验试错式和哲学思辨式的方式，这或许正是教育学学科同一性危机的根本原因之一。近代"实验型"科学知识生产方式的确立，"意味着科学知识生产成为具有自在价值的、独立的社会劳动"，这"不仅使科学家成为具有独立地位的社会角色，而且改变了科学家与其他社会成员之间的关系"③。然而，教育现象的复杂性使教育学的知识生产很难完全跟上这种实验性科学的知识生产。实际上，由于复杂社会现象难以用纯粹数理分析的方法进行精确的实验分析，因而几乎所有社会科学诸学科都有这样的问题。对科学化的片面追求，也使教育学的知识生产出现了另一种倾向，即"关于教育学知识的讨论，鲜有涉及质性知识和行动知识者。质性之事（qualitative matters）被视为情感性的，而行动（performa-

---

① educology，教育学，美国学者斯坦纳（Elizabeth Steiner）在1964年提出的一个概念，意在建立一个比教学论（pedagogy）更加广泛的、以整个教育现象为研究对象的学术性学科。参见：Elizabeth Steiner. Logic of Education and of Educology：The 20th Annual Meeting of the Philosophy of Education Society. Chicago：March 24，1964. 我们也将"pedagogy"译作"教育学"，但我们这里使用的"教育学"一词，更加接近于"educology"。

② 李正风. 科学知识生产方式及其演变［M］. 北京：清华大学出版社，2006：155.

③ 同②189.

tive）之事被看作动作的，这导致二者都被逐出了认知的花园"①，因而不再被当作学科知识。这种倾向导致的一个直接结果就是，教育学专属知识的萎缩和贫困化，因而不得不大量借用其他学科的知识。这反过来又抑制了教育学的专属知识生产，模糊了教育学知识的学科特质。

教育学知识之学科特质的模糊化，除了其自身的原因外，兴起于 20 世纪中后期的"跨学科"运动也是其重要原因之一。以教育社会学为例，"从 20 世纪 70 年代初开始，新教育社会学（New Sociology of Education）倡导社会建构主义和跨学科，从而对'官方'教育知识进行激进的批判"，于是，"出于进步的目的而为基于学科的知识（disciplinary-based knowledge）及其教育辩护，就成了一件困难的事情"②。对这类跨学科运动，社会学家雅各布斯（Jerry Jacobs）在其《为学科辩护》一书中称之为"跨学科炒作"（interdisciplinary hype）。他认为学科之间的交流与合作一直存在，所谓"跨学科"根本就不是什么创新，而是大学校长们用来帮助筹资的一种老生常谈的花样。③ 尽管不同学科在合作研究中可以相互激发创造力，但每一门学科所生产的仍旧是能与自身知识体系相融洽的、具有自身学科属性的专门知识。就知识生产本身而言，"学科最重要的是通过理论抽象和普遍化来产生'问题-可迁移的知识'（problem-portable knowledge）的能力，这种能力对于'基于问题'（problem-based）的跨学科研究是不可能的"④。跨学科只是学科发展的一种方式和途径，而不是学科的自我否定。

人们从不同学科的视角研究同一个对象，这在学术界是一个普遍存在且由来已久的现象。认为凡是以所谓教育现象为研究对象的研究活动都是教育学研究，并且认为这类研究所发现和生产出来的知识也都是教育学知识，这种以研究对象

---

① Elizabeth Steiner. Educology：Its Origin and Future [C]. Paper presented at Annual Meeting of the American Educational Research Association. New York：April 3-8，1977.

② Rob Moore. Making the Break：Disciplines and Interdisciplinarity [C]. Frances Christie，Karl Maton. Disciplinarity：Functional Linguistic and Sociological Perspectives. London & New York：Continuum International Publishing Group，2011：87.

③ Jerry A. Jacobs. In Defense of Disciplines：Interdisciplinarity and Specialization in the Research University [M]. Chicago：The University of Chicago Press，2013：2.

④ 同②104.

为区分学科及其知识之依据的观点,是一种普遍存在于教育学界的一大谜思。在自然科学领域,以同一种物质为研究对象,我们既可以通过物理学研究得出物理知识,也可以通过化学研究得出化学知识;就社会科学而言,情况更是如此。实际上,在一定意义上我们甚至可以说,包括教育学在内的社会科学诸学科所研究的其实都是同一个对象,即人的社会活动。正是这一共同的研究对象,构成了社会科学诸学科内在的有机联系,也形成了这些学科研究的内在共通性。"所谓社会科学,包括心理学、人类学……这些科学事实上都可归纳成一个科学,因为它们同样引用着——虽然他们百般地否认——一组相同的解释通则。"① 在这组相同的解释通则之下,社会科学诸学科以各自的学术话语实践生产出各不相同的学科知识。所谓"跨学科"或"学科整合",实际上主要是指多学科针对同一对象共同开展学术研究的组织方式,而不是学科知识体系本身在学理上的完全融合。没有各自独立的学科,也就不存在什么跨学科或学科整合的问题。

教育学知识之学科特质的模糊化,在模糊了教育学学科边界的同时,也给教育学带来了学科同一性的危机。通过对教育学知识学科特质的探讨和辨识,以及对教育学知识体系的甄别和清理,厘清教育学知识与相关学科知识之间的界限与关系,我们有可能重建教育学知识体系的完整性和自洽性,进而重建教育学的学科同一性。

7.3 教育学的知识清理与学科同一性的重建

确如袁振国教授所言,"学科的发展史乃是知识的增长史"②,教育学知识的增长是其学科发展的根本之道,但这里还有一个前提,那就是这种"知识的增长"必须是真实的,而不是仅以知识借用或者虚假知识生产和空洞话语制造等手段营造的表面知识繁荣,因此,我们在一定意义上也可以说,学科的发展

---

① 荷曼斯. 社会科学的本质 [M]. 杨念祖,译. 台北:桂冠图书股份有限公司,1991:1.
② 袁振国. 科学问题与教育学知识增长 [J]. 教育研究,2019,4 (40):4-14.

史也是其知识的清理史，诸学科正是在知识的清理和更新中不断进步的。正是知识的清理，不断为学科划定清晰的论域，而清晰的论域是学科知识生产的基本逻辑基础。

学科作为人类组织和表达理性知识的一种方式，其自身的形成和发展却并非总是一个纯粹理性的设计过程，而是在社会生活中由多层面话语生产实践交叉推进的一个充满博弈的自然过程。作为"人类知识的一种类目（category）"，学科"通常是在一个制度化的空间中通过对象、方法、书目、传统、对话和辩论的积淀而形成的"，这主要发生在19世纪晚期的"理性-历史的变革"（intellectual-historical transformations）之中。[①] 在这种自然的积淀过程中，知识的积累并非总是符合理性的内在逻辑，因此，人们总是要不断地通过理性反思来审验自己建立的理智巴比伦塔。随着学科反思的不断深入化和系统化，以诸学科自身为对象的各种元研究也逐步形成了一个独特的研究领域，而学科知识的清理也是我们在这一独特领域进行理性反思的主要任务之一。

教育学的形成和发展过程也是一个复杂的多层面话语生产实践的博弈过程。早在社会科学产生之前，教育学就作为训练教师所必需的一个重要教学科目而在欧洲产生了。这一特殊的诞生方式，使教育学的知识构成从一开始就变得十分庞杂。关于教育学从教学科目逐步走向学科和科学的发展历程，以及教育学知识构成之庞杂，这里不再赘述。由于这样一个特殊的诞生方式给教育学知识体系带来了特别的庞杂性，因而对教育学来说，学科知识的清理尤为必要。这种学科知识清理的意义绝非仅限于勘定学科边界之类，它也是增强学科知识可靠性的基础性工作之一。因为知识真假的判别依据不仅存在于经验事实之中，也存在于知识体系的内部。关于如何辨别知识的真假，金岳霖先生在其《知识论》中列举了"融洽说、有效说、一致说、符合说"四种理论，其中第一种就是"融洽说"，即"以真为综合的或经验上的融洽"[②]。也就是说，当且仅当某一命题所表达的知识，与经验或与本体系内其他所有真命题相融洽时，我们即

[①] Paul Baumgardner. Keywords: For Further Consideration and Particularly Relevant to Academic Life [M]. Princeton: IHUM Books & Princeton University Press, 2018: 15.

[②] 金岳霖. 知识论（下册）[M]. 北京：商务印书馆，2011: 925.

可以认定该命题及其表达的知识是真的。一个庞杂的知识体系，由于其逻辑上的异质性，必然会对我们在该知识体系内进行知识真假的判定产生消极的影响。科学之"分科而学"，也是其增强知识可靠性的途径之一。

　　教育学知识体系的构成现状之庞杂，从教育学学科群的构成状况即可见一斑。教育科学的学科体系存在着大量的诸如教育经济学、教育社会学、教育法学等"交叉学科"。正如前文已经提及的，这些交叉学科中有很多是20世纪70年代跨学科运动的产物。我们以前大多以"教育科学走向复数"来描述这些教育交叉学科的产生，并将其视作教育科学发展的新成果，然而，我们却忘记了对这些交叉学科知识的学科特质进行辨析，无条件地将其归入教育学的知识体系。实际上，稍加分析我们就很容易发现，这些交叉学科所产生的知识，绝大多数其实都不是教育学知识，而是分别属于经济学、社会学和法学等学科知识，也就是说，他们研究的实际上是教育领域的经济现象、社会现象和法律现象，而不是研究教育现象本身。这样的知识生产状况，是教育学知识迷失学科特质的表现之一。无论是学科边界还是知识边界的勘定，都是出于教育学内在学理同一性的需要。这是因为，明确且清晰的论域，是一切理论探讨的逻辑基础。教育学通过学科知识的辨洽，克服自身现存学科知识体系的逻辑异质性，跨学科研究和交叉学科发展才能真正成为教育学学科发展的动力而非阻碍。

　　正如格拉夫（Harvey J. Graff）所言，"不管跨学科的支持者和反对者们提出何种假设，跨学科工作与学科都是密不可分地联系在一起的"[①]。维持独立存在的诸学科之间的差异，以及每一学科知识体系持续保持本学科的特质，是跨学科的前提条件。"在一定意义上，正是'差异'（différance）首先使学科成为可能，差异可以被认为是作为话语性知识形态的学科的一种运作经济或运作模式，按照这一观点，跨学科努力总是受制于差异的条件"[②]，而不是对差异进行实质性的超越。"作为一种学科间差异性关系（relationships-in-différance），跨

[①] Harvey J. Graff. Undisciplining Knowledge: Interdisciplinarity in the Twentieth Century [M]. Baltimore: Johns Hopkins University Press, 2015: 2.

[②] Matthew Haar Farris. Disciplines and Interdisciplinarity as Relations-in-différance: A Derridean Account of Disciplinary Knowledge Differences [J]. Issues in Interdisciplinary Studies, 2017 (35): 53-64.

学科研究给予推论性知识型构（discursive knowledge formation）之间的关系特别优先性，而不是将知识产品的'新颖性'（newness）置于优先地位"①。"跨学科"本身就是对学科边界的肯定，而非消解。审视各种跨学科研究的范例，我们可以发现，"最好的跨学科思维不是来自融合，而是来自方法的摩擦"②，这主要是因为方法论的互鉴而非学科知识的融合在跨学科研究过程中刺激着相关学科的知识创新。研究表明，"跨学科思维并不比其依托学科所提供的知识具有更多的知识性（knowing）（如它经常声称的那样），而是具有更少的知识性，这正是它的价值所在"③。康奈尔大学高等教育研究所 2013 年对美国所有在 2010 年获得博士学位的人开展的一项研究发现，那些博士学位论文做跨学科研究的人，要比那些在单一学科领域完成博士论文研究的人，平均每年少挣 1 700 美元。无论是就知识生产的学科话语实践而言，还是就社会的相关知识需求而论，跨学科的教育学研究，其知识产品仍然应当是教育学的知识，而不是其他相关学科的知识，否则，它就不是教育学的跨学科研究，而是那个相关学科的跨学科研究。对那个相关学科来说，情况也同样如此。如果放弃了这种知识生产的学科特质，那么，所谓"复数的教育科学"就只能意味着教育科学的消解而非发展。

在教育学领域进行知识的清理工作，教育学知识的学科特质，既是我们的重要依据之一，也是我们进行知识清理的主要目的。什么是教育学知识？我们虽然很难给出一个十分精确严密的界定，但基本的学科特质还是可以大致框定的。我们认定某知识属于教育学知识，它须是关于人如何在社会活动中更好地得到发展的，是人对教育现象而非其他现象的认识成果。无论我们如何理解教育的本质，教育学探讨的一定都是人如何在社会活动中得到更好的发展，而非经济的或其他什么的发展。帕尔默（Joy Palmer）列举了历史上 100 位思想家对教育本质的论述，从孔子的"己欲立而立人，己欲达而达人"，到加德纳

---

① Matthew Haar Farris. Disciplines and Interdisciplinarity as Relations-in-différance: A Derridean Account of Disciplinary Knowledge Differences [J]. Issues in Interdisciplinary Studies, 2017 (35): 53 - 64.

②③ Paul Baumgardner. Keywords: For Further Consideration and Particularly Relevant to Academic Life [M]. Princeton: IHUM Books & Princeton University Press, 2018: 48.

(Howard Gardener)的"促使个人学习并理解他们的世界"[①],虽见仁见智,却万变不离其宗,都没有离开人在社会生活中的发展这一中心。围绕着人如何在社会活动中更好地得到发展这个核心,我们可以将真正属于教育学的知识联系起来,建立一个逻辑严密且自洽的教育学知识体系。教育学中那些从其他学科借用来的与人的教育活动相关的知识,只要这种知识不是直接关于人如何在社会活动中更好地得到发展的,那我们就只能将其置于教育学知识体系的外围,从而以知识学科特质的纯粹性来保障教育学知识体系的逻辑同质性,否则,教育学知识体系中包含太多异质性的知识,导致存在太多形式上相同的概念却有着不同的内涵和外延,那么教育学知识生产就必定会受到牵制甚至陷入混乱。

除了教育现象之外,作为一个社会公共领域的教育领域中还存在着很多其他社会现象,这些社会现象都或多或少与人的教育活动有所关联。但是,教育学,我们既谓之"学",而不是将其视作一个多学科共同研究的"领域"含混地称作"教育研究",它就必须舍弃那些非教育现象的对象,因为作为一门独立的学科,其知识体系必须具有内在的逻辑同一性。教育学知识的清理过程,也是教育学进一步专业化发展过程的一部分。英国南安普敦大学的坎宁(John Canning)尽管告诫我们一定要防止教育学在学科专业化(professionalization)的过程中疏离教育实践,但他也承认"教育学是建立在诸如社会学、心理学等业已建立的学科的特定理论之上,而不是如在一定程度上被暗示的那样是一个跨学科的'研究领域'。教育学运用自我指涉的(self-referential)语言"[②],在这种自我指涉的话语实践中,新的带有教育学学科特质的学术话语生产要素被不断地再生产出来,教育学的学科同一性也得以延续。

教育学的外围知识,多源自那些与教育学关系密切的学科,其中心理学可能是关系最为密切的一个,心理学甚至在教育学成为一门科学的过程中发挥过重要作用。美国印第安纳大学布卢明顿分校的克鲁克香克(Kathleen Cruikshank)研

---

① 帕尔默. 教育究竟是什么? 100 位思想家论教育[M]. 任中印,等译. 北京:北京大学出版社,2008:663.

② John Canning. Pedagogy as a Discipline: Emergence, Sustainability and Professionalization [J]. Teaching in Higher Education, 2007, 12(3): 393 - 403.

究认为，正是作为"一个由教育学（pedagogy）主导的思想体系"，身兼心理学家和教育学家的赫尔巴特提出的理论，"首先为大学打开了教育研究的大门"，"美国赫尔巴特理论在哲学意义上作为'科学的'教育学进入大学，并确立了可望又可即的教育科学（science of pedagogy）的概念"[1]。即便如此，教育学知识和心理学知识在学科特质上的差异还是很明显的，心理学知识关注人的心理发展本身，而教育学知识则更侧重于人如何在社会生活中获得更好的身心发展。社会学、管理学、经济学、人类学等学科也与教育学保持着十分密切的关联，但和心理学相比，这些学科知识应当更容易从教育学知识体系中辨识出来。各类知识在学科特质上的差异，使得教育学的知识清理成为一项可能的任务。

教育学的科学化不是仅靠方法论的实证化改造就可以实现的。实际上，方法论的实证化甚至不是教育学科学化发展最关键的环节。在什么样的基础上构建什么性质的教育学知识，决定着我们采用什么样的教育研究范式。在方法论探讨的背后，还有一个更为根本的问题，即"决定不同类型教育研究过程的规范及其生产的教育知识的性质"[2]。波普尔说他"一直与社会科学模仿自然科学作斗争"，他认为"实证主义认识论甚至在它对自然科学的分析中也是不适当的"，自然科学在本质上也是"思辨的和大胆的"，"一切观察都浸透着理论"，实证方法的主要功能是"检查和驳斥而非证明我们的理论"[3]。教育学科学化的障碍并不仅仅在于其方法实证化的不足，更在于其知识体系的逻辑异质性等多种因素。循着知识的学科特质对教育学知识进行审慎辩证，令其博洽通达，形成内在逻辑同质性，是教育学有序且有效地进行知识生产的基本保障条件之一，也是教育学科学化发展的一个重要环节。

---

[1] Kathleen Cruikshank. The Prelude to Education as an Academic Discipline：American Herbartianism and the Emergence of a Science of Pedagogy [J]. Paedagogica Historica，1998，34（1）：99-120.

[2] 马凤岐，谢爱磊. 教育知识的基础与教育研究范式分类 [J]. 教育研究，2020（41）：135-148.

[3] 波普尔. 走向进化的知识论 [M]. 李本正，范景中，译. 杭州：中国美术学院出版社，2001：29.

8

关于教育学之解释力和批判力的一个验证

8.1 社会科学的解释力和批判力

8.2 作为一个例证的理论模型

8.3 解释力和批判力的理论验证

教育学作为一门社会科学，其有效性和可靠性一直受到质疑。在世界各国教育改革和发展的实践中，我们的确也看到了教育学的苍白无力。如果说牛顿的绝对时空观无法解释宇宙中很多现象，这不能说明物理学这门经典科学本身不科学，因为随后的爱因斯坦相对时空观重新赋予了物理学解释力。那么，教育学面对社会现实教育问题苍白无力的表现，到底是这门学科自身之科学性的问题，还是我们用来解释和解决社会现实教育问题的具体理论模型存在问题？或者说，教育学对现实教育问题到底有没有可能具有解释力和批判力？本书试图通过例证来从理论上给出一个肯定的答案。

8.1 社会科学的解释力和批判力

作为一个经常出现在教材中的科学哲学常识，我们知道，"科学活动的目标之一是，对于为什么事物会发生或者为什么事物是它们所展现的那个样子给出解释"[①]。所有科学都是我们用来解释这个世界的理论体系，它以经验为基础并高于经验因而更加具有可靠性和普适性。技术可以建立在这种理论解释基础之上，也可以建立在经验基础之上，但建立在科学理论基础之上的科学技术较之经验技术具有更大的可靠性和可迁移性。一门科学的生命力，往往集中表现为其理论对研究对象的解释力；而社会科学的生命力，则主要体现在其理论对相关社会现象和观念的解释力和批判力上。

科学是人类解释世界的理论体系。"所谓理论就是一些系统地联系在一起的命题，包括在经验上可检验的某些规律似的概括（law like generalization）。"[②]这些命题的真与假，除了需要基于经验事实的逻辑论证外，最终还要回到实践中去接受检验。我们今天来谈教育学的科学性问题，当然离不开社会科学哲学最新进展的大背景，这个背景就是"实证主义科学哲学的消亡，或者更确切地

[①] 毕夏普. 社会科学哲学：导论 [M]. 王亚男，译. 北京：科学出版社，2018：319.
[②] 鲁德纳. 社会科学哲学 [M]. 曲跃厚，等译. 北京：生活·读书·新知三联书店，1988：20.

说是向约定主义（conventionalism）的转变"①。我们已经认识到，"不仅是社会科学，而且所有科学都存在着不稳定的传统连续性，在这种连续性中持续着各种解释的冲突"②。这种充满解释冲突的不稳定的传统连续性表明，在科学王国里根本不存在永恒真理，科学的目的不是在变动不居的万事万物背后发现永恒不变的绝对真理，而是要面对事物的发展变化不断修正其解释模型。社会科学自然也不例外，正如哈佛大学的荷曼斯（George C. Homans）在其《社会科学的本质》一书中所言，"社会科学最大的困难不是发现而是解释"③。对各种社会现象是否能够提出具有解释力的理论模型，是包括教育学在内的所有社会科学的命脉。

　　人类对万事万物的解释总体上有两种，一种是机械论（mechanism）的解释，另一种是目的论（teleology）的解释，如果我们希望寻求更深入、更具备普遍性、更强有力的解释，我们应该采用机械论的解释④。尤其是在自然科学中，目的论的解释之局限性是显而易见的。在自然科学中，自然界本身没有目的；但在社会科学领域，人类是有目的的，然而客观社会历史过程本身是没有目的的，因此我们尤其应防止目的论解释在社会科学领域的滥用。"我们要用社会学、经济学、政治学等社会科学中所提出的假说和理论来解释复杂的人类社会现象，而不是将其拟人化然后再采用目的论的解释。"⑤这些社会科学的假说和理论，一般都属于机械论而非目的论的解释，但目的论解释在社会科学中也大量存在，譬如，我们以一个人的某种内在动机来解释我们观察到的他发出某种行为的原因。不过，科学的解释与一般目的论解释不同，它还必须接受验证，即以可靠的方式确证这种动机的实际存在。这既是科学和迷信的分水岭，也是我们严防社会科学滑向某种主观迷信的关键点。

---

　　①② 奥斯维特. 新社会科学哲学：实在论、解释学和批判理论 [M]. 殷杰，等译. 北京：科学出版社，2018：91.
　　③ 荷曼斯. 社会科学的本质 [M]. 杨念祖，译. 台北：桂冠图书股份有限公司，1991：61.
　　④ 李万中. 思维的利剑：批判性思维让我们看清自己看清世界 [M]. 北京：清华大学出版社，2017：123.
　　⑤ 同④.

不过，我们也不能因此就认为社会科学的解释模型是独立于我们主观世界的某种坚不可摧的客观事实的自我显现。科学哲学的研究早已证明，科学的解释力并非来自发现客观事物不得不如此的某种规则，而是建构某种可以解释客观事物为什么如此的规则。这些规则或定律，亦即科学的解释模型，正如弗拉森所言，"科学活动是建构，而不是发现；是建构符合现象的模型，而不是发现不可观察物的真理"[①]。包括教育学在内的社会科学，其研究活动的实质不是在教育或其他社会现象背后发现某种先验的真理，而是以经验事实为基础，按照逻辑的和历史的相统一的原则，在理论上建构能够有效解释这些教育和其他社会现象的理论模型。一种理论模型能够解释我们面对的相关社会现象，它就是有效的理论；一旦它无法解释某种相关的社会现象，我们就必须通过进一步的研究来修正抑或否定这一理论。也就是说，所有社会科学的解释模型都是人建构的，因而是可错的，并且也因此是可批判的。当然，社会科学批判的对象并不限于各种解释模型。

社会科学的解释力与自然科学有着重要的差异。其中最重要的一点就是，"对社会科学的解释涉及人的自由的行为，人的自由既不能简单地归结为语义学，更不能归结为因果关系。由于涉及解释者的参与，就不能排斥语用学了"[②]。因此，罗森堡（Alex Rosenberg）提出："不要把科学看成真理之间的抽象关系，而要把它看成一种人类建构、一种信念、一些我们在世界之中可有效运用的方法。"[③] 因此，理论体系内部的逻辑自洽只是其成立的必要条件之一，要证明一种理论解释模型的生命力，还要回到社会实践中，看其是否能够行之有效地解释或解决我们面对的实际社会现象和社会问题。在社会科学领域，我们不可能找到某种绝对客观的真理，同时我们也不能因为找不到这样的绝对客观真理而陷入相对主义。社会科学解释模型的可错性和可批判性本身就说明了其与相对主义的不兼容性。社会科学对其解释模型不断进行修正、否定和更新，

---

① 弗拉森. 科学的形象 [M]. 郑祥福, 译. 上海：上海译文出版社，2002：6-7.
② 阎坤如. 科学解释模型与解释者信念研究 [M]. 北京：中国社会科学出版社，2016：66.
③ Alex Rosenberg. Philosophy of Science: A Contemporary Introduction. London: Routledge, 2000: 37.

恰恰是持续保证这些解释模型有效性的根本措施，这也是社会科学自身不断发展的实质所在。

　　与自然科学的生命力主要表现为其对自然现象的解释能力不同，社会科学由于涉及主体和权力等，其价值和生命力不限于它对社会现象的解释力，还表现在对社会现象和观念的批判力上。所谓"批判力"，指的是社会科学在认识社会现象和观念，包括认识社会理论过程中，表现出来的一种质疑、否定和推动进步的力量。面对纷繁复杂且变动不居的社会现象和观念，社会科学需要不断修正或改变其解释模型才能持续保持其科学的生命力。因此，就社会科学自身的发展而言，批判力对社会科学来说也是十分重要的。巴斯卡（Roy Bhaskar）的批判实在论认为，"在自然科学中，知识的对象独立于关于对象的知识生产过程外，而在社会科学中，关于对象的知识生产过程与所研究的对象的生产过程具有因果的、内在的相关性"[1]。由于解释者自身的社会语境和价值立场等的影响，这些意义的建构本身却可能在显现实在的过程中实现对实在的遮蔽，"意识既可以是真的，也可能是假的，因而任何企图理解它的努力都必定能划分出这一区别。社会分析不能只是描述，它还必须是（可能的）批判的"[2]。在教育学研究领域，唯有凭借教育学的批判力，我们才可能辨别那些关于教育现象的既存解释模型的真假，才可能辨别某些被我们当作教育改革前提和目的的问题之真假，才可能穿透蒙在某些理论脸上看上去很美的面纱而直视其本质。如果说解释力是社会科学有效性的基础，那么批判力则是社会科学进步的动力，它能够让我们发现别人未能发现的问题，看透别人未能看透的实质。

　　社会科学批判的观念对象，多数时候主要指的是那些"指导社会团体成员行为的假设、价值观和目标"[3]，亦即一般意义上的"意识形态"。为了避免因对这个概念的不同理解而产生误解，本书将尽量避免直接使用"意

---

[1] 殷杰. 当代社会科学哲学：理论建构与多元维度［M］. 北京：北京师范大学出版社，2017：200-201.

[2] 特纳，罗思. 社会科学哲学［M］. 杨富斌，译. 北京：中国人民大学出版社，2009：62.

[3] 奥尔森. 社会科学的兴起：1642—1792［M］. 王凯宁，译. 北京：科学出版社，2018：5.

识形态"这个词来表达这个概念。批判是我们防止社会科学理论教条化的重要手段。"一种一以贯之的批判主义不允许任何教条,在每个可能的权威方面却必然包含一种可误论"①。不仅我们的社会科学理论是可误的,公共政策是可误的,看似眼见为实的调查结果是可误的,而且那些权威的经典理论和思想也同样是可误的。即便这些经典理论和思想已经得到公认,成为指导社会团体成员行为的基本准则;即便他们一直被所有人都认为是正确的,也不能否定其内在必然包含着可误性,以及由此而来的接受检验的必要性。

社会科学理论的解释力和批判力有赖于其解释模型的可检验性,因为"可检验性是合理性的必要条件"②。正如卡尔纳普所言,"一切由科学概念构成的命题原则上都可以确定其真假"③,因此,所有科学理论都是可检验的,或者用波普尔的话来说,就是可证伪的。在波普尔看来,"知识,特别是我们的科学知识,是通过未经证明的(和不可证明的)预言,通过猜测,通过对我们问题的尝试性解决,通过猜想而进步的。这些猜想受批判的控制,就是说,由包括严格批判检验在内的尝试的反驳来控制"④。从思维特征来说,科学多采用机械论的解释模型,而"与目的论的解释不同,机械论的解释是可以用实践检验的"⑤。可检验性是科学的一个普遍思维特征,是我们用来判别科学与迷信的试金石。社会科学之所以是一种科学,也是由于其可检验性。只有不断回到社会现实中去接受检验,社会科学才能证明其解释模型是否具有解释力和批判力。教育学若承认自己是社会科学的一分子,它也同样必须面对并且不断地、永远地面对这样的检验。

---

① 阿尔伯特. 批判性理论(增订第五版)[M]. 朱更生,译. 杭州:浙江大学出版社,2016:36.
② 鲁德纳. 社会科学哲学[M]. 曲跃厚,等译. 北京:生活·读书·新知三联书店,1988:5.
③ 卡尔纳普. 世界的逻辑构造[M]. 陈启伟,译. 上海:上海译文出版社,1999:325.
④ 波普尔. 猜想与反驳[M]. 傅季重,等译. 上海:上海译文出版社,1986:1.
⑤ 李万中. 思维的利剑:批判性思维让我们看清自己看清世界[M]. 北京:清华大学出版社,2017:124.

8.2 作为一个例证的理论模型

本部分以笔者在《泛教育论》一书中提出的一个关于教育活动中主客体关系的解释模型为例证，来尝试检验其有效性，证明教育学具有解释力和批判力的可能性。关于这个解释模型的论证，限于篇幅，这里不再展开，我们这里先简要阐述这一理论模型，然后联系实际教育问题集中进行其有效性的验证。这个理论模型的形式化表述，就是这样一个命题："教育是作为主体的人在共同的社会生活过程中开发、占有和消化人的发展资源，从而生成特定的、完整的、社会的个人之过程"①，我以图8-1所示的形式来呈现这一抽象的理论模型②。

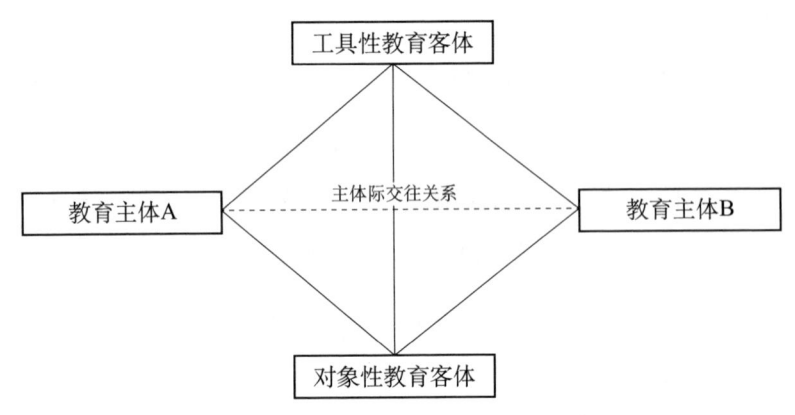

图8-1 关于教育活动中主客体关系的解释模型

首先简要阐述这一理论模型中的几个基本概念。在这个菱形模型中，教育主体即参与到教育活动中的人，无论这个或这些人是教师、学生、家长、朋友还是其他什么人，他（她）或他（她）们只要参与到教育活动中，便成为教育主体。需要特别说明的是，在这个解释模型中，教育主体有着四重表现形态，

---

① 项贤明. 泛教育论：广义教育学的初步探索[M]. 太原：山西教育出版社，2000：40.
② 同①37.

即个人、小型集团、大型集团和人类。个人形态的教育主体即参与教育活动的现实的社会的个人；小型集团形态的教育主体指的是参与到教育活动中的小型社会群体，这些社会群体与个人的日常生活直接相关，其成员间活动较为直接，如家庭、班级等；大型集团形态的教育主体是指参与到教育活动中的大型社会群体，这类社会群体多以文化和意识形态的认同为基础，与整个社会总体结构直接相关，如民族、阶级、政党等；人类形态的教育主体是教育主体的最高层次，人类的发展是人的教育所追求的最高目标和终极结果。在这个菱形示意图中，无论是教育主体 A 还是 B，都可能是这四重形态中的某一种。工具性教育客体是指人在教育活动中使用的各种中介手段，譬如语言、教材、教具等；对象性教育客体是指我们在教育活动中要开发利用的人的发展资源，包括科学文化知识、道德、经验等。人通过教育这种实践活动实现主客体统一，从而将这些发展资源转化为自身的本质力量，实现人的发展。工具性教育客体和对象性教育客体还有更细致的分类，由于对本书的验证影响不大，这里不再赘述。要特别强调的是，模型中连接两个教育主体的是虚线而非实线，意在突出主体际交往关系永远要借助于客体中介。简单地说，也就是我们永远不可能直接面对和把握另一个主体的主观世界。因此，这个模型并不违背主客体相关律。

笔者在《泛教育论》中试图用这个理论模型来揭示教育的本质，也就是要解释到底什么是教育。这个模型适用于包括学校教学在内的各种教育现象。为了方便理解，这里我们以学校教学为例来说明这个理论模型是如何解释教育活动的。我们假设教育主体 A 是一名（或多名）教师，教育主体 B 是一个或一班学生。作为教育现象之一的学校课堂讲授性的教学，不过就是这样一个过程：教师（教育主体 A）用他说的话、他在黑板上写的字和画的图、他的体态语等（工具性教育客体），把他希望学生理解和掌握的科学文化知识（对象性教育客体），以他认为他的学生容易理解的方式表达出来；他的学生（教育主体 B）通过对老师的话、字、图、体态语等（工具性教育客体）进行解释，认识和理解了某种科学文化知识（对象性教育客体），形成自身的能力、技能或素养。这就是一个典型的教育活动过程，教育的本质也就体现在这样一个过程之中。这个解释模型还反映了教育过程在很多时候是双向的，譬如在这个讲授的教学过程中，学生（教育主体B）也通过他们的各种反应向教师（教育主体A）传达着信息，这种信息对教师的专业发展和个人发展都是有价值的。因此，用A、B来区分教育主体，仅仅是为了行文中指代方便，并非强调教育活动的某种方向性。教育现象无时无刻不发生在我们的社会生活中，教育活动中主体之间现实的、具体的关系也是多种多样的，但教育学把它抽象成这个菱形图所示的主客体关系，从而完成了从具体到一般的认识过程，建构了这样一个超越特殊性的具有普适性的理论模型。

我们这里只是以课堂讲授性教学为例，实际上，对社会生活中所有的教育现象，这个理论模型都是普适的。譬如我们常说的"听君一席话，胜读十年书"，这是一个社会生活中经常发展的教育现象，我们仍然用这个菱形图所示的理论模型来尝试进行解释："君"（教育主体A）用一席话（工具性教育客体）表达了某个道理（对象性教育客体）；"我"（教育主体B）通过理解这一席话（工具性教育客体）明白了这个道理（对象性教育客体），丰富了"我"的主观世界，实现了"我"的发展。

再举一例来说明这个理论模型的普适性，如读书。对读书这样一种自学性质的教育现象，这个理论模型同样可以做出简洁的解释：该书的作者（教育主体A）通过他著作中的文字（工具性教育客体）表达和阐释了某种知识、原理或其他观念（对象性教育客体）；作为自学者的读者（教育主体B）通过理解著作中的文字掌握了那种知识、原理或其他观念（对象性教育客体），其结果是自学者自身获得了发展，一个教育活动过程得到阶段性的完成。

我们还可以将这个解释模型应用于其他教育现象，无论这种教育现象是发生在教室、校园、客厅、车厢、工作间还是其他什么地方，我们都可以用这个解释模型来对这种教育现象进行描述和分析。理论模型的这种普适性源自其对解释对象本质的认识，并且反过来也说明了该理论模型对其对象本质的把握，因为只有认识和把握了对象的"质的规定性"，理论模型才可能获得对所有相关对象的普适性。一旦这种普适性失效，也就意味着该理论模型需要进行修正或被新的理论模型所取代。科学的理论模型总是处在这样一种等待被证伪的过程之中。从这个动态的过程来说，其真理性恰好来自这种未被证伪的状态。就此而言，詹姆斯（William James）的这段话说得并非毫无道理："一个观念的'真实性'不是它所固有的、静止的性质……它的真实性实际上是个事件或过程，就是它证实他本身的过程，就是它的证实过程，它的有效性就是使之生效的过程。"[①]波普尔揭示了这种动态"证实"的真理观之内在矛盾，并以"证伪"的动态过程取而代之。一个科学理论模型的"证伪"过程，也就是其普适性的不断验证过程。其普适性的失效，也就意味着这个科学理论模型被证伪。这是同一个过程的不同方面。

这个菱形的理论模型，是以来自我们社会生活中的经验事实为基础，运用关于主体际关系的交往行动理论等，对社会生活中相关的经验事实进行分析、抽象和概括，从而建构起来的。正如前文所述，无论是以实验的方法，还是以从公认为真的前提出发通过逻辑推导而得出结论的方法，其结论只要是一种理论，就一定是人用来解释某种社会现象的主观建构，而不是某种可以放之四海而皆准的纯粹客观真理。这个菱形图所示的理论模型本身当然也包含着我作为解释者的某种信念，但通过理论论证达成的超越个人视域的主体际视域融合，赋予了这个理论模型真理性和普适性。从主体际性的角度看，我们的认识并非来自独立于我们的客观世界，也不是来自孤独个体的内省，而是来自我们的交往行动，来自文化历史。在科学中，"我们称之为'说明'或'理解'的东西最终取决于我们与世界之间正在进行的相互作用以及我们彼此之间的相互作用"[②]。撰写本书进行有效性验证的过程，其实也是这种"我们彼此之间的相互作用"的一部分。

作为教育科学理论，这个理论模型同样要面对证伪。譬如：有人质疑这个理论模型模糊了教育现象与其他社会现象之间的"边界"。我的回答是：实际上，在一级学科层次上，所有的社会科学都在研究同一个对象，即人的社会活动。当我们从社会活动对人的生长发展的作用的角度来研究它时，我们就在进行教育学研究，这个对象也就成了教育现象。因此，不仅教育学无法在教育现

---

① 詹姆斯. 实用主义 [M]. 陈羽纶, 等译. 北京：商务印书馆, 1979：103.
② 特纳, 罗思. 社会科学哲学 [M]. 杨富斌, 译. 北京：中国人民大学出版社, 2009：362.

象和其他社会现象之间划出一个实实在在的边界，经济学、政治学等同样无法为经济现象、政治现象等划出实实在在的边界，这里的"边界"只能是由于研究视角的不同而产生的抽象的边界。再如：还有人从教育者和受教育者的关系出发，质疑这个理论模型无法清晰区分教育者和受教育者。我的回答是：教育思想史上长期存在的所谓"教育者"和"受教育者"这对关系，其实是个不尽合理的虚构的关系。在菱形图所示的理论模型中，所有参与教育活动的现实的教育主体，都既是教育者又是受教育者。如果作为个体的某个教育主体不在现场，那他也一定曾经既是教育者又是受教育者。用马克思的话来说，就是"教育者本人一定是受教育的"[①]。至于交往的主客体关系，这个理论模型要面对的证伪问题，与交往行动理论所面对的证伪问题是一样的，包括哈贝马斯（Jürgen Habermas）在内的很多哲学家已经回答了这些证伪问题。关于菱形模型的理论建构和应对证伪过程，限于篇幅，这里仅举例说明，不再展开。

8.3 解释力和批判力的理论验证

科学解释的过程，也就是将某种抽象的一般理论模型用来描述、分析和阐释相关具体对象的过程。在亨普尔（Carl Gustav Hempel）看来，"科学解释的'标准观点'是解释的'覆盖律模型'（the covering-law model）……覆盖律模型认为解释就是把特殊事件置于普遍规律之下"[②]，尽管这一观点如今已有许多质疑，并为因果-机械模型、功能模型等所修正，但它仍然揭示了科学解释最根本的特点：以普遍规律解释特殊事件。上文关于教育活动中主客体关系的解释模型，是在最一般的抽象层面对人类教育做出普遍的本质意义上的解释，这一普遍的解释模型能否有效地运用于特殊的教育现象？我们将以几个例证来做验证。

[①] 马克思, 恩格斯. 马克思恩格斯选集: 第1卷 [M]. 3版. 北京: 人民出版社, 2012: 138.
[②] 闫坤如. 科学解释模型与解释者信念研究 [M]. 北京: 中国社会科学出版社, 2016: 1.

自古希腊开始，教育思想史上就有一个非常有趣且十分深刻的问题：美德①（arete）是否可教？在智者派之前的古希腊人看来，美德是不可教授的，"人的才能和品德是自然的，它是人在生长过程中由父母长辈的影响、范例的感染自然而然地成就的，是潜移默化的结果，而不是由别人有意识有目的地教育的结果"②。苏格拉底等人也持这样的观点。"作为智者运动的开创者普罗泰戈拉无疑地是主张 arete 是可以传授的，而且必须从小教育和训练。"③ 我们今天可以尝试用前文中菱形图所示的理论模型来辩证地解答这个古老的教育理论问题。在这里，"对象性教育客体"就是包含了知识、美德、才能等内容及其丰富的"arete"。所谓关于"arete"（对象性教育客体）的教育，实际上就是教育主体 A 通过语言、文字等（工具性教育客体）以教育主体 B 容易理解的方式阐述了"arete"（对象性教育客体），教育主体 B 通过教育主体 A 的阐述（工具性教育客体）理解和掌握了"arete"（对象性教育客体）。问题在于，教育主体 B 理解和掌握的这个"arete"（对象性教育客体），是他对教育主体 A 的表述（工具性教育客体）进行解释的直接结果，而不是教育主体 A 的表述之直接结果。也就是说，教育主体 B 所理解和掌握的"arete"与教育主体 A 所表述的那个"arete"并不一定是同一个东西。譬如教师 A 同时给两个学生讲授"$a^2-b^2=(a+b)(a-b)$"，学生 B 将其正确地理解为平方差公式，而学生 B′ 却将其错误地理解成"$2a-2b=(a+b)(a-b)$"，这种差异表明学生的认识不是教师讲授的直接结果，但若以菱形图所示的理论模型来分析，教师的讲授对学生形成认识的过程显然有重要作用。从学生的认识并非教师教学的直接结果角度看，学生的"arete"的确不是教师教授给他的，而是他通过理解教师的讲授而自己形成的；从学生的认识的确是在与教师的主体际交往关系中形成的这个角

---

① 古希腊语哲学中的"arete"一词，汉译多为"美德"，实际上，据汪子嵩先生等考证，"对于古代希腊的 arete，中文找不到一个对应的确切的译词；即使是拉丁文及近代各种西方文字以及日文，所有学者都公认找不到本国的一个与之确切对应的译词……arete 在品德和才能两个方面具有丰富的含义"，所以，我们切不可在现代语言狭隘的意义上来理解这里的"美德"一词。见汪子嵩，等. 希腊哲学史：第 2 卷. 北京：人民出版社，1993：170-171.

② 汪子嵩，等. 希腊哲学史：第 2 卷 [M]. 北京：人民出版社，1993：171.

③ 同②174.

度看，学生的"arete"又确实是他参与其中的教育活动的结果。

亨普尔认为，"科学解释可被认为是对为什么问题（why-question）的回答"[①]。我们再通过解答现实教育领域一个有趣的"为什么问题"来验证菱形模型的解释力，这个问题就是：大学为什么还需要教师？大学生都具备良好的阅读能力，似乎大学不应该需要教师，只要编制好每一门课程的书目，图书馆备好充足的书，在书上划出重点，让学生去阅读，期末来考试就好了。用菱形图所示的理论模型来回答这个问题，关键就在于教师（教育主体A）是以他认为他的学生（教育主体B）容易理解的方式，通过语言、文字等（工具性教育客体）来阐述书本上的知识（对象性教育客体）的。书本上的文字是没法改变的，它在每个学生面前都只能使用同样的表述形式，但每个学生的认识水平是不一样的，因此，即便学生都认识书本上的文字，由教师根据学生的水平以最容易被学生理解的方式来进行讲授，也仍然是有必要的。这个解释实际上揭示了教师在教育过程中的作用，这种解释对中小学教学同样有效。教师的作用并不是把知识或美德直接"传授"（或曰"灌输"）进学生的脑子里去，而是帮助学生更好地理解教材上的知识。这又涉及另一个有趣的教育问题：教师使用所谓"灌输式教学法"，同时给所有学生灌输了同样的东西。为什么却没有"灌"出相同的结果？

如果以菱形图所示的理论模型来解释教育过程，那么世界上其实根本不可能存在什么"灌输式教学法"。两个不同主体之间的相互理解，永远必须要在主体际交往关系中通过某个共同客体的中介作用才可能达成。这条哲学常识已经告诉我们，没人能够把某种知识或观念直接"灌"进另一个人的脑子里。前文曾特别提醒读者朋友注意，在菱形图所示的理论模型中，连接两个教育主体的是虚线，就是要强调教育客体的中介作用在这个主体际交往关系中是不可或缺的。按照这个理论模型的解释，在教学过程中，所有的学生都是通过对教师、教材编写者等所说的话、写的字、画的图、演示的场景等等，进行自己的解释

---

① Carl G. Hempel. Aspects of Scientific Explanation and Other Essays in the Philosophy of Science [M]. New York: The Free Press, 1965: 245.

和理解，才形成了自己的知识和观念的。在这个知识形成过程中，不仅教师的讲解，还有学生自己的知识背景、认识水平、生活阅历等，也都会影响到学生知识的形成。也就是说，面对教师说的或教材上写的同样一句话，不同的学生完全有可能做出不同的理解，因而形成不同的知识。这也恰好是教师要发挥作用的地方，他必须考虑到不同学生的不同认识水平，尽力用学生容易理解的方式来讲解教材上的知识或观念，帮助学生正确认识、理解和掌握知识或观念。

如果我们用菱形图所示的理论模型来解释教育目的，就很容易发现教育目的的多重性，也很容易明白这个表面上矛盾的现象其实是正常的。前文曾强调过，在这个菱形图所示的理论模型中，两个教育主体都可以有自己参与教育活动的目的，并且无论是教育主体 A，还是教育主体 B，都可以是四重形态中的某一种。从个人形态的教育主体来看，参与教育活动的每个学生和教师都可能会有自己的目的，这些目的很多时候都是多种多样的。如果其中的教育主体 A 是党和政府，那么教育学教材和教育政策文献中表述的那个教育目的就好理解了。在这种情况下，党和政府（教育主体 A），通过编写教材、培训和规范教师教学、贯彻于办学之中的教育理念等各种显性或隐蔽课程（工具性教育客体），向全体学生（教育主体 B）呈现某些知识或观念（对象性教育客体），学生（教育主体 B）通过对充斥于学校生活方方面面的各种显性或隐蔽课程（工具性教育客体），认识、理解和掌握了这些知识或观念（对象性教育客体）。在这个过程中，作为教育主体 A 的党和政府发起和参与教育活动的目的，就是我国通行教育学教材和教育政策文献中所表述的那个教育目的。

我们再来对这个菱形图所示的理论模型进行批判力的验证。关于批判，不同的理论有不同的表述，但其基本精神是一致的。在康德那里，批判是一种从质疑走向新发现的理论考察和省思；在福柯那里，"批判是主体对权力的质疑，是主体的反抗和反思，是对主体的屈从状态的解除"[①]。在这里，简而言之，批判者，批评、判断也。理论的批判，就是要对某些判断进行反思和批评，并做

---

① 福柯. 什么是批判？[M] //汪民安. 福柯读本. 北京：北京大学出版社，2010：135 页 "编者按"。

出我们的判断。

我们从一个引起我国各界广泛关注的教育判断开始:"应试教育是错误的"。应试教育到底错在哪儿?难道考满分还不如考零分吗?既然考试高分不是好事,为什么高校录取还专门争抢高分学生呢?这不是自相矛盾吗?面对这类问题,我们教育学界一直没有在理论上给出令人信服的回答。要说明应试教育为什么是错的,首先要说明什么是应试教育。我们可以用菱形图所示的理论模型来对应试教育做一个界定。这里以某课教学为例,一个典型的应试教育,应该是这样一个过程:教师(教育主体A)面对学生(教育主体B)说:"同学们,这道题如果出现在高考试卷上,你们一定要记住答出五层意思,我将其总结成五句话(工具性教育客体),每个同学都必须把这五句话背下来。"于是,学生们(教育主体B)立刻把这五句话(工具性教育客体)背诵得滚瓜烂熟。有学生提问:"老师,这五句话(工具性教育客体)表达了什么原理(对象性教育客体),它如何解释我们的社会生活?"老师严厉应答:"别废话!记住了高考就能过关!"这样的教学过程就是典型的应试教育了。在这里,作为对象性教育客体的知识或观念实际上是被忽视的。这个教育过程实际上只完成了一半(教育主体A—工具性教育客体—教育主体B),并且省略的恰好是最重要的那一半。这正是应试教育错误之处。应试教育之所以盛行,也正因为它不同程度地忽略对象性教育客体,从而在省略教育过程最关键环节的基础上大大提高了应付考试的效率。毕竟,讲解明白原理,教会学生正确熟练地运用原理,比记住几句话,要难得多。这个批判性的解释也说明了另一个道理:说我们中小学全部都在进行应试教育,这也是不公允的。如果一名教师通过教学让学生很好地掌握了所有应该掌握的物理学原理,学生在高考中物理科夺得高分,这当然不能说是应试教育。只是应试教育目前在一部分中小学中的确存在,确须尽快遏止。

我们近年来的教育改革,有一个重要的前提性判断:"中小学生的学业负担是过重的,因而减负是教育改革的重要任务。"我们办学就是为了让学生学习,为什么我们竟然害怕孩子们学习了?为什么我们又是降低难度,又是减少教学时数,又是减少考试数量,却不见学生的学业负担变轻?这些广泛存在的困惑,也没有在理论上得到很好的解决。其根本原因在于，我们没有在理论上真正揭示出学业负担过重问题的实质。学业负担过重是我们中小学教育的一个综合征，其成因十分复杂。限于篇幅，这里我们以菱形图所示的理论模型为批判工具，仅从一个角度来做一个批判力验证。按照菱形图所示的理论模型，在教育活动中，无论是教育主体 A，还是教育主体 B，都是参与教育活动的主体。教育并不是教育主体 A 去改造教育主体 B 的过程，教育主体 B 真正获得的任何发展都是他自身活动的直接结果，教育主体 A 只是在教育主体 B 的发展过程中对其提供了帮助，并且在这个帮助过程中，教育主体 A 自身也获得了发展。如果这个教育主体 A 是教师，其发展的主要表现就是教育教学能力的提高。由此可见，教育主体 B 在教育过程中的作用也十分重要。只有教育主体 B 对教育内容充满兴趣，有着强大的持续不断的学习内驱力，他才能全身心地投入到教育过程中来，教育过程也才可能是轻松、充满乐趣、成果丰硕的。然而，我们如今在理论和实践两个方面都把教育理解为教育主体 A 通过自己的教育工作去改造学生（作为被教育主体 A 改造的对象，这里的学生在逻辑上已不再是主体，而是客体），相信只要教师的教育工作做得足够好，教育（改造）就一定能成功。于是，学生在教育活动中陷入了被动的境地，自我发展的活动变成了应付各种任务的活动，兴趣日渐被消磨殆尽，学习内驱力弱化乃至丧失。在这样的状态下，再少、再简单的学业，也都会是负担。因此，中小学生学业负担过重问题的背后有一系列深刻而复杂的成因，难以简单地一"减"了之。

解释力和批判力的综合，还进一步形成了教育学对教育实践的指导能力。我们再举两个例子来对教育学的指导能力进行简要的验证。

我们常常听到很多校长、教研员等，要求教师在备课过程中"吃透教材"。我们不禁要产生这样的疑问：一名受过高等专业教育的教师，怎么会连本专业的中小学教材都"吃不透"呢？从菱形图所示的理论模型来看，教师发挥作用的关键在于"工具性教育客体"的选择，即他必须以他的学生最容易理解的方式来把相关知识、观念等阐述清楚，前提是他必须了解学生的知识背景和认知水平等。如果他还了解学生的兴趣爱好，那么其阐述不仅容易被学生理解，而且学生还喜闻乐见，教学效果就会更好。因此，备课的关键并不是什么"吃透教材",而是要"吃透学生"。教师作为教育主体 A,只有深入了解作为教育主体 B 的学生,才能更好地在主体际交往关系中发挥教育作用。可见这个菱形图所示的理论模型对教师教学工作可以发挥一定的指导作用。

再来看教师的专业发展问题。很多领导和专家都强调,教师要每年接受一定的专业培训,以促进其专业发展,而很多教师却认为这些培训对他们的专业发展作用甚微。到底应该如何促进教师的专业发展呢?我们从菱形图所示的理论模型来看,教师(教育主体 A)和学生(教育主体 B)都是参与教育活动的主体,不只是学生,教师同样也会在这种活动中获得发展。譬如:学生的尊重会让教师产生职业自豪感,学生取得好的学习成绩也会让教师产生成就感,学生在课堂上一脸茫然的表情,也会促使教师反省自身的教学在哪里出了问题,等等。正是在和学生的交往关系中,教师学会了如何深入地了解学生,摸索出越来越多有效的教育教学方法。因此,要促进教师的专业发展,除了必要的离岗培训之外,更主要的还是在教育教学实践中不断促进教师的专业发展。可见菱形图所示的理论模型对教育管理者也可以有指导作用。

教育学作为一门社会科学,它对我们社会生活中教育现象的解释力和批判力都是毋庸置疑的。教育学作为一门社会科学,其科学性是完全可能的。我们有些教育学者常常用教育现象的复杂性、独特性等来为其教育理论的苍白无力辩护,认为教育学由于涉及人这样复杂而独特的存在,因而它不可能成为一门真正的科学,似乎教育学缺乏解释力和批判力是其先天的学科性质决定的。这其实是一种缺乏科学勇气的搪塞。鲁德纳(Richard S. Rudner)早就对这类观点进行了深刻的批判,他指出:如果由社会现象的复杂性导出社会科学的不可能,那么"由于所有现象都是复杂的,因此所有科学都是不可能的"[1],同时,在严格意义上,"所有现象(而不仅仅是社会现象)都是独特的",因此,"不仅社会科学,而且所有科学都是不可能的"[2]。教育学在教育改革发展的实践中苍白无力的表现,问题并非出在这门学科本身,而是我们教育学者所提出的理论

---

[1] 鲁德纳. 社会科学哲学 [M]. 曲跃厚,等译. 北京:生活·读书·新知三联书店,1988:138.
[2] 同[1]142.

模型缺乏解释力和批判力。

  教育学要成为科学,就必须勇敢地把自己的理论拿到社会实践中去接受检验,以其对现实教育现象和教育问题的解释力和批判力来验证自己的科学性。当然,如果我们连自己的理论模型都提不出来,甚至连理论体系内部的逻辑自洽都做不到,只是沉醉于人云亦云,做政策注解,反反复复地说一些看上去很美的漂亮话,那就别提什么教育学的科学化之梦了。

9

教育学的民族化和科学化

9.1 民族化之必要和必然

9.2 民族化的生长点

9.3 民族化的理论原则

9.4 民族化的哲学基础

9.5 民族化与科学化的关系

教育学对我国教育改革和发展缺乏认识和指导能力的成因，除了其科学化发展不足外，民族化的发展不足也是重要原因之一。我们今天的教育学或教育科学，是伴随着现代学校教育，在近现代的西学东渐过程中进入我国的。教育，从理论到实践，都深深植根于民族文化的土壤。不同民族的教育理论和教育实践，都带有本民族的特性。教育理论的民族特性，一定会对其指导本民族教育实践的能力产生某种影响。与此同时，尽管在科学化的发展过程中，这种特殊性正在日益为普遍性所取代。但新的民族特性也在不断形成，并且不同民族教育理论的特殊性对教育学科学化的特殊价值，也不应被忽视。探讨教育学的民族化问题，以及教育学的民族化与科学化之间的关系，无疑也是我们审视教育学的科学化路径时，无法视而不见的一个重要问题。

9.1 民族化之必要和必然

在如今这个全球化时代，民族的特殊性似乎正在被世界的普遍性所取代。为什么在这样的时代背景下，我们却要探讨教育学的民族化问题？这个问题不仅与教育学正确认识本民族教育现象直接联系在一起，也和我们的教育学在国际教育学理论诸流派中的地位相关联。总的来说，教育学民族化之必要和必然，至少有以下几个方面的理由：

（一）教育学的民族化是当代世界教育和文化发展的必然要求

由于现代通信技术和航空航天技术的迅猛发展，以及国际经济文化交流的日渐频繁，当代世界文化发展表现出明显的民族交融现象。世界大同当然是人类美好的理想，但如果这种交融是以失去各民族特性为代价的话，那么人类将得不偿失。因为，单一的结构将使人类文明丧失一个基本的创造力，即为维护民族特性的竞争。丰富的民族特性是人类互相启发共同进步的基础。"和实生物，同则不继"（《国语·郑语》），古老的中华智慧告诉我们，差异是万事万物发展变化的基本动因。作为人类理想社会的大同世界一定是一个包容差异、和而不同的多样性世界，而绝不是完全一致化的"刬同"(《国语·郑语》)世界。各民族的文化当然也有共同的基础，它们毕竟都来自人类的智慧，这也是奥林匹亚精神的基本前提。但共性与个性并非绝不相容，民族特性从来都不曾是战争的充分或必要条件。实际上，很多追逐经济利益和政治野心的战争与经济文化侵略给人类造成的最大创伤，就是使某些民族的文化特性遭受践踏和毁灭。对一个被侵略的民族来说，长期殖民带来的伤害，甚至往往超过了短期的武装冲突。无论全球化如何发展，世界民族文化的多样性总是人类文化发展的动力源泉。在教育学理论的发展中，民族性同样也是不可或缺的基本要素之一。

教育的对象是现实的个人，教育的过程同时也是个人社会化的过程，人的社会化过程又不可避免地包含了民族化的方面。因此，一种无视教育对象的民族性的教育不可能是科学的、成功的教育。教育学要研究如何科学、有效地促进人的社会化发展，就不能无视人的民族性，其自身因而也就不能无视民族化的发展。与此同时，教育的民族性还是民族个性延续的重要条件，因此，教育和教育学的民族化还是世界民族多样性的必然要求。就中华民族而言，维持和发展民族个性，也是我们教育工作的重要任务之一。一个丧失了本民族个性的民族，根本谈不上什么"自立于世界民族之林"。无论从哪方面看，教育学的民族化都是当代世界教育和文化发展的必然要求。

（二）现代教育学从欧美传入的历史事实决定了民族化是我们教育学理论发展的必要环节

我们的现代教育学，亦即所谓"科学的教育学"，是在近现代西学东渐的过程中由欧美传入我国的。我国传统思想中虽然有着十分丰富的关于教化的学问，但并没有形成一门分科而学的专门学问。我们今天学习和研究的教育学，是伴随着西式学校而来的，它不是我们传统的经史子集学问体系的一部分，而是西式学科知识体系的一部分。西式学校教育传入我国之后，不应该也不可能完全阻断我们中华民族教育传统的延续，并且还要在我们当代的教育实践中不断本土化和民族化。与此相应的是，作为一种外来的教育理论，现代教育学也要适应我们民族的社会历史、文化传统和民族成员身心发展特点，才能有效地指导我们的教育实践，因此它必须经历一个本土化和民族化的过程。不经过民族化的过程，脱离本土的文化和教育传统，脱离有中国特色的教育改革和发展的实际，照搬西式教育理论和经验，生搬硬套地应用于我们的教育实践，其结果只能是一再地失败。要在西式教育学理论体系基础上，建立一套能够适应并科学指导我们的教育实践的教育学理论，我们就必须直面现实的教育活动，这些现实的教育活动又不可避免地带有我们民族的特色。因此，民族化是我们教育学理论发展不可逾越的一个环节。

（三）民族化也是教育学科学化发展的内在要求

教育学的民族化和科学化是同一发展过程中并行不悖的两个方面。在我们民族的传统思维中，的确缺少西式科学的成分，但是，教育学的民族化并不因此就意味着非科学化，相反，它却是教育学科学化发展的一个内在的必然要求。原因很简单，教育作为一种文化传承的社会机制，其自身不可避免地带有民族的特色。教育学要研究这种带有民族特色的教育现象，承认和正视教育现象的民族特色是一种基本的科学态度。要正确地认识带有民族特色的教育现象，教育学自身必须建立能够科学地分析和解释教育现象民族特色的相关理论。建立这种能够科学解释教育现象民族特色的相关教育学理论的过程，也就是教育学的民族化过程。因此，教育学的民族化实际上是教育学科学化发展过程的一个侧面，而不是和科学化相对立的另外一种发展路径。

我们这里讨论的民族化，绝不意味着简单的复古，而是教育学在中华文化和教育传统中的科学化发展，是中华传统教育智慧对世界教育科学做出新贡献的过程。尽管我们民族传统思维中缺乏西式科学的成分，但这绝不是说民族传统的教育思想在教育学科学化发展过程中就毫无价值了。相反，在当代世界，中华传统的教育智慧不仅对我们民族本身的教育活动有着重要的科学价值，而且对整个人类的教育思想也有着不可忽视的重大科学价值。这种科学价值不仅表现在认识和解决中国的教育问题上，更表现在从不同于西方的新视角来认识和解决世界教育问题方面。每一种教育学理论都有其突出的优点，也有其一定的不足。不同的教育学理论相互启发、互相补充的过程，也是教育学科学化发展过程的一部分。教育学的民族化，实际上是我们从中华民族传统教育智慧的视角，运用科学的教育学理论认识和解决教育问题，并在这个过程中推动教育学的科学化发展。这是一个科学创新的过程，而绝不是简单复古的过程。

9.2 民族化的生长点

中国教育学理论的民族化，应当有其内在的根据，即可据以由内而发的生长点。那么，民族化的中国教育学理论主要可以附着于哪几个生长点呢？

第一个生长点：社会主义现代化建设中的"中国特色"和当代中国教育改革发展的实践。这是我们教育学民族化的现实基点。

我们研究人们的教育活动及其发展，不能脱离人们从事教育活动的社会基础；教育学要研究如何促进人的发展，也不能脱离人的发展的社会背景。我们的当代教育实践，以及我们民族发展的当下境况，无疑是教育学民族化的现实基础和基本出发点。我们的教育学要研究我们现实的教育活动，并且要在这个研究过程中逐步形成自己的民族特色，它首先就必须正视中国的国情。研究中国教育的现状和发展方向，是使教育科学具有"中国特色"，逐步走向民族化的一项必要的工作。只有把握了中国教育的现状和趋向，我们才知道应当首先研究哪些问题，而哪些问题不必作为当前研究的重点。总之，教育科学只有密切联系民族经济文化建设的现实，才能形成自身的中国特色。

立足于现实，是我们面向历史和面向未来的出发点。在教育学理论民族化的过程中，我们既要继承中华优秀传统文化的精华，又要学习和汲取人类文明的先进成果，更要脚踏实地从我们当前的教育实践出发。立足于现实的民族化，既不是在开放中迷失自我的去民族化，也不是在复古中走向封闭的民族化，而是在教育改革发展的实践中推动教育学理论向前发展的不断创新的民族化，它是马克思主义教育学理论与中国教育改革和发展实践的结合，是中国特色马克思主义教育学不断发展之历史进程的延续。立足于现实，要求我们在学习和吸收世界其他国家先进文化的同时，始终坚持以促进我们自身的发展为目的，不能脱离我们的现实国情，不能在学习他人的过程中迷失自我；立足于现实，要求我们在继承中华优秀传统文化的过程中，务必将继承与简单复古区别开来，务必时刻记住：继承传统文化的根本目的在于当代文化创新。

第二个生长点：中国传统哲学中符合马克思主义思想原则和时代发展要求的思想精华。这是教育学民族化发展的哲学基点。

哲学是以最一般的概念范畴等逻辑形式反映并反作用于社会存在的具有高度抽象性的社会意识形态，是关于自然科学、社会科学和思维科学的概括和总结，是一门带有纲领性的理论学科。它为教育学等具体科学提供世界观和方法论的指导。因此，教育学的民族化，必然要求我们对中国传统哲学中符合马克思主义思想原则和时代发展要求的思想精华进行深入的研究，探寻中华民族传统的自然观、社会观、人生观和价值观中有益于今天教育学科学化发展的成分。

在中国传统哲学中，确实存在很多可能给我们教育学的科学化发展在方法论上带来某种不同于西方教育学传统的突破性进展，如整体的发展观、辩证和谐的思想观念、直觉内省的思维方式等等，然而，这些方法论思想长期以来却被我们忽视，甚至遭到贬抑。教育学要走向民族化，要在世界教育科学中显示出自身的中国特色和中国式的创造力，就必须重视我们民族传统思想宝库中的这类仍然具有当代价值的精神财富。

中国传统哲学十分注重整体，无论是"仁"还是"道"，都具有极其丰富的内涵。因此，在个体的发展中，中国人总是强调整体的发展。儒要"成人"，总是要成为内善修身、外可齐家治国平天下的完人；道要"得道"，也是追求一种人与自然和谐一体的完美境界。二者尽管也采用不同方式来教育弟子，但从不分割个体人格，而是讲求内外德行的统一，把教育和自我修养的过程看作是一个整体的发展过程。在人类愈来愈为大工业的专业化所胁迫而片面发展的现代社会，这种整体的发展观十分必要。辩证和谐的思想也是中国传统哲学中一种富有特色的思想。儒家和道家都讲和谐，包括宇宙阴阳的相生相克、人与自然的对立统一和人们内心的平衡安宁。这种和谐的辩证法思想，对我们建立具有中国特色的教育学理论体系，建立健康的人际关系、人与自然的关系，都很有启发。中国哲学从不贬抑直觉的形象思维，虽然它也不乏丰富深刻的逻辑思辨。

关于人类思维是否以形象为素材，以及形象思维是否具有普遍性，思维科学研究中很多成果都早已对此做出了肯定的回答。① 教育科学切不可忽视这个问题，要努力开发人的更多的潜在创造力。

中国教育学要在世界众多教育学理论流派中异军突起，独领风骚，关键就在于我们这一代教育科学工作者的综合和创新。

第三个生长点：中华民族成员身心发展的民族特征。这是教育学民族化的心理基点。

个体的身心发展总是要受到种族特性和民族文化特性的制约，这是每个民族的教育都必须面对的预设条件。教育学要指导本民族的教育实践，不研究民族成员身心发展的民族特征肯定是行不通的。有中国特色的教育学理论，应当且必须适应中华民族成员身心发展的民族特性；我们教育学理论的民族特色的形成，也必须从中华民族成员身心发展的民族特征出发。

中国人观念中的个人发展，都是整体的、身心统一的。我们在传统思想上不仅很少将人的发展分析成"德、智、体"等不同部分，甚至也很少将心与身的发展分割开来。我们研究中华民族成员身心发展的民族特征，也绝不能只局限于学习心理的研究，而是要将人作为一个整体来研究。同样，关于中华民族成员身心发展特征的研究，也不能只局限于青少年学生，因为，任何一个个体的社会化过程，都是在一定的社会关系中进行的，教育不可能也不应当隔断受教育的青少年除校园人际关系以外的社会关系。我们的教育学要研究教育对象的学习心理所表现出来的民族特征，也要研究他们对社会关系的适应能力、社会情感倾向性、社会行为模式等的民族特性。

在这种研究过程中，既要注意继承优秀的传统文化，也要注意革除民族传统中的某些弊端。譬如，在中国人的传统观念中，"书生"总是与"文弱"联系在一起。针对这一特性，我们的教育学要特别加强对体育的研究，形成适应本民族成员身心发展特征的体育理论。中华民族不仅要成为智慧的民族，而且要

---

① 王南．论形象思维的普遍性［M］//钱学森．关于思维科学．上海：上海人民出版社，1983：103-122.

成为身体和心理都健康的民族。中国教育科学的这一民族特色不可少。在中国人传统的社会心理中，既积存了很多优秀的具有很高历史价值的成分，如高度的历史责任感和自我牺牲精神、浓厚的道德自觉意识和克己利人的道德理想、勤俭朴实和吃苦耐劳的性格等；同时也存在不少不适应时代要求的东西。在教育学的民族化过程中，兴利革弊，也理应成为我们的一项重要任务。

第四个生长点：中国传统的教育思想。这是教育科学民族化的理论基点。

马克思和恩格斯在批判改造黑格尔有关学说的基础上，从历史唯物主义的角度提出了著名的"历史的与逻辑的统一"这一辩证逻辑的科学方法。恩格斯说，"历史从哪里开始，思想进程也应当从哪里开始，而思想进程的进一步发展不过是历史过程在抽象的、理论上前后一贯的形式上的反映"[①]。各门科学的概念、范畴的发展与其理论的历史发展进程是一致的，教育科学当然也不例外。中国教育学要适应我们民族特性，形成中华民族的自身特色，从而获得进一步的发展，就不能不批判继承本民族传统的教育思想。实际上，教育思想发展史的这种内在逻辑的一脉相承关系，是任何外来思想都无法完全阻断的。中国人永远只能用中国人的眼光来看外国教育思想。

近年来，中国教育史研究领域取得了很多新进展，但是，要为中国教育科学的民族化服务，仅停留在目前的水平还是不够的。在考证溯源、探究史实的同时，也要探赜索隐、稽古发微，对我们民族教育理论和教育思想进行更加深入系统的研究，并且还要注意加强为现实的教育理论和教育实践服务的自觉意识。我认为，今后我们可以在教育史研究与其他教育学科研究之间开辟一个"中间地带"，专门对传统教育思想的现实意义和科学价值进行系统深入的研究，从而使教育史研究走出考据学的方法论框架，直接为教育学的民族化和教育教学实践服务。同时，对历史上教育家思想的研究，还有在总体上系统化的问题，要把教育思想史研究纳入本民族教育科学的逻辑框架。这并不是穿凿附会，而是教育思想史研究走向现实，走向科学，为教育学民族化服务的必由之路。

---

① 马克思，恩格斯. 马克思恩格斯选集：第2卷 [M]. 3版. 北京：人民出版社，2012：14.

9.3 民族化的理论原则

恩格斯在《自然辩证法》一书中写道:"每一个时代的理论思维,包括我们这个时代的理论思维,都是一种历史的产物,它在不同的时代具有完全不同的形式,同时具有完全不同的内容。"[①]这也就是说,随着认识客体的发展变化,人们获得认识的途径方式,以及建立理论体系的原则也要发生变化。作为一种培养人的社会活动,教育必然要随社会的发展变化而发展变化。要获得关于当代社会主义中国教育发展规律的正确认识,并建立具有时代特征和民族个性的教育学理论体系,我们必须遵循一系列新的理论原则。

第一,认识和实践的具体的历史的统一。马克思和恩格斯在《德意志意识形态》中把他们创立的学说称为"实践的唯物主义",把科学的实践的观点作为一个重要的基本观点进行阐述。我们要运用实践的唯物主义指导教育科学研究。我国教育理论界很多学者不断强调的理论工作者应深入实际就是其中一个方面,但不是全部。我以为,仅仅理论联系实际是不够的,因为事实上我们面临的是理论脱离实际和实际工作不尊重科学这两种对立统一的现象。这是建立具有中国特色的马克思主义教育学理论体系的一大障碍。我们知道,在建立新知识的过程中,经验的东西和理论的东西是辩证统一的,表现在具体的研究中,就是逻辑方法论和认识论的综合问题。理论发展的任务在于不断地克服主观和客观、理论和实践之间的矛盾,求得它们之间具体的历史的统一,而理论发展的最终动力来源于实践。一方面,理论要从反映现实上升到改造现实,从而在本民族的教育实践中实现民族化;另一方面,在科学理论指导下的实践又可以为理论的发展提供具有民族特征的经验材料。现代教育科学在发展中已日益显示出复杂性和抽象性的特点,需要借助于精心设计的实验和严密的定性定量分析。因此,要使我们的教育科学发展具有现代水平,在强调实践的同时又要给教育理

---

① 马克思,恩格斯. 马克思恩格斯选集:第3卷 [M]. 3版. 北京:人民出版社,2012:873.

论工作者以"不用想象某种现实的东西就能**现实地**想象某种东西"①的自由，保证其进行自由的精神生产的时空。只有这样，具有中国特色的马克思主义教育学理论体系才能真正在国际上精彩纷呈的理论流派中占据重要的地位。

第二，从历史的联系和变化发展中考察对象的原则和方法，即历史主义的方法。马克思主义历史辩证法认为，在任何一个现象中都客观地存在着"过去的遗迹、现在的基础和将来的萌芽"②。因此，同认识和实践具体的历史的统一相联系，在建设具有中国特色的马克思主义教育学理论体系过程中，我们还要注意从历史的联系和变化发展中考察教育实际。任何教育理论，历史给它留下的这四方面的东西都是客观的、不容选择的：（1）教育发展的社会环境；（2）教育事业本身的发展现状；（3）教育对象的身心发展的民族特性；（4）民族文化未来发展的必然要求。因此，在教育改革和教育科学研究过程中，我们一定要注意分析客观现象的现实原因背后的历史渊源。古代的社会制度、价值观念、教育思想，都无时无刻不在通过个体的社会化过程影响着我们学校教育对象的身心发展。不管怎样高明的教育理论，它如果对此一无所知或熟视无睹，就无法真正在中国这片土地上生根发芽。

第三，历史的东西和逻辑的东西辩证统一的方法。一切科学理论的发展都有其自身内在的逻辑连续性，这种逻辑连续性是由事物和现象的历史发展的规律决定的。"历史的东西和逻辑的东西统一的原则，是正确建立某一个科学知识领域以及整个科学系统中的概念和范畴体系的标准。"③ 前面我们谈到了，在教育学民族化的过程中，我们必须从历史的联系和变化发展中考察教育实际，但这并不意味着仅仅局限于历史的描述。历史研究从来都不止步于经验的领域，它自始至终都服从一般的科学理论的原则。正如车尔尼雪夫斯基指出的那样："离开对象的历史就没有对象的理论，但是离开对象的理论甚至不会有关于对象历史的思想。"④ 在建立具有中国特色的马克思主义教育学理论体系过程中，自

---

① 马克思，恩格斯．马克思恩格斯选集：第1卷 [M]．3版．北京：人民出版社，2012：162．
② 列宁．列宁全集：第1卷 [M]．2版增订版．北京：人民出版社，2013：149．
③ 伊凡诺夫．主观辩证法 [M]．詹汝琮，等译．北京：东方出版社，1988：141．
④ Николай Гаврилович．Чернышевский．Избранные философские сочинения．Т. 1. [M]．Л．：Госполитиздат，1950：303．

觉运用这一马克思主义的方法论是十分重要的。我在《我国教育科学的民族化道路》一文中曾提及要在教育史研究与其他教育科学研究之间开辟一个"中间地带",使教育史研究走出考据学的方法论框架,以利于批判地继承我国传统的教育思想。这个设想的哲学依据就在于此。具有中国特色的马克思主义教育学理论体系不是凭空杜撰的,也不是能从国外引进来的,它有其现实基础,也有其思想渊源。思想和继承不能停留于表层的兼收并蓄,而要借助现时代的价值判断寻求其内在逻辑上的前后一贯性,发掘传统教育思想中具有现代价值的概念、范畴和原则,从而撇开历史发展的偶然因素,丰富我们新的知识体系,亦即以扬弃的形式包含和实现过去优秀的认识成果。

9.4 民族化的哲学基础

每一个民族都有其共同的民族心理。这种共同心理的形成基础和核心的内容就是该民族特有的世界观、价值观和审美观。因此,中国教育学理论体系民族化的另一重要基石就是中国传统哲学的精华。这两个哲学基础不是并列于同一层次的,其中马克思主义哲学处于第一层次,是我们教育科学民族化的总方法论,而中国传统哲学则是统摄于总方法论之下的一项不可或缺的重要内容。后者处于更深一层次,它必须经马克思主义哲学这一时代价值观的判别,才能合乎逻辑地上升到现代的教育学理论体系中来。

作为世界三大哲学传统之一,中国哲学是一个博大精深的体系,其内容十分丰富和复杂。其中既有封建主义的东西,又有代表着中华民族优良传统的文化精神。如何在此思想基础之上进行分析、提炼和新的综合,是建立具有中国特色的马克思主义教育学理论体系的关键。我以为,中国传统哲学思想主要可以在以下几方面为我们教育学的民族化提供哲学基础。

1. **对人的发展的目标、过程和途径的独特理解**

与西方哲学紧扣思维与存在的关系不同,中国哲学发展一直是以人的反思为轴心的。儒家、道家、墨家,乃至中国佛教等诸派,都十分重视安身立命的学说。于是百家争鸣,形成了对人的发展的独特理解。儒家的"成人"学说尤为丰富,它从两个方面来论说人的发展目标,即在内而成仁,在外而齐家、治国、平天下。关于发展过程,儒家十分强调人格诸因素的综合发展,追求真与善的统一。正所谓"仁者安仁,知者利仁"(《论语·里仁》),"乐行而志清""美善相乐"(《荀子·乐论》)。但它对人的发展途径又有不同看法,一些人认为要成仁,必须"积善成德"(《荀子·劝学》),通过后天学习修养;另一些人认为应当"反求诸己"(《孟子·公孙丑上》),培养内在的"浩然之气"(《孟子·公孙丑上》),从而确立先天的理性。在我看来,这两方面实际上是难以完全分割开来的。因为人的发展不同于一般事物和现象的发展,它确实包括反求诸己和格物致知的内外两方面,因而儒家内部两派关于人的发展途径的学说,对我们今天建设中国教育学理论体系都有很大价值,其中最值得注意的是儒家从整体上对人的发展的把握,讲求真、善、美的和谐发展。儒家这种整体的思维取向影响了中国佛教,形成了中国佛教关于人的发展的独特命题:"自心是佛"和"顿悟成佛",这种认为人的发展过程中存在着由此境界到彼境界突变性飞跃的思想,对中国的教育学理论应当有所启发。事实上,日常生活中有很多一人一事一时的道德冲突性情境促成人的品德发展发生飞跃的例子。

中国哲学关于人的发展学说的最重要特征就是整体观和突变观。在建立具有中国特色的马克思主义教育学理论体系过程中,我们应当批判地继承其合理内核。

2. 关于天人关系、人与人关系的辩证和谐的思想

关于天人关系的讨论,自西周到明清,贯穿了中国哲学史的始终。在中国哲学家看来,对人的反思的最高境界就是"天人合一",即既要区分人与自然,又要认识到人与自然既有区别又统一为一体。人是自然界的一部分,因此人的成长发展规律与自然界的普遍规律是一致的。所谓"道未始有天人之别,但在天则为天道,在地则为地道,在人则为人道"。同时,中国哲学认为

自然界是五行相生相克、阴阳对立的统一的和谐整体，它以其自身内在的规律运行不息。与此相对应，人的发展也是一个辩证和谐的过程。人生来就具有相同的人性，每个人后天所处的环境和个人自我修养不同，因而出现了各种差异。这一切都有其自身内在发展规律。我认为，具有中国特色的教育学理论，应当树立这样的观念，要像遵循自然规律那样遵循个体身心发展的规律，逐步引导个体向真、善、美发展。不戕害受教育者的天性，保证个体内在的生理心理发展平衡。

中国儒家还十分重视人与人关系的和谐，以及和谐的社会关系对人的发展的促进作用。在孔子那里，"天""仁""礼"是三个密切联系的基本概念。"天"即"天命"，就是客观规律；"仁"是人格发展最理想的境界，也是人性的内在发展规律；"礼"则是处理人与人关系的理想的社会组织原则。"仁"与"天"是统一的，同样"仁"与"礼"也是统一的。个人必须按照"礼"的要求和谐地与人相处，才能身心和谐安宁地向"仁"发展。如果我们把其中的"礼"理解为一般意义上的社会规范，那么在这个思想基础之上，我们就可以建立一套关于人的社会化与个性发展的具有中国特色的马克思主义教育学理论体系。

3. 整体的、直觉的、辩证的思维方式

中国哲学有其独特的运思特征。与西方哲学以形式逻辑为基础、追求思维的清晰严密不同，中国哲学家们总是把认识论中真的判断与伦理学、美学中的价值判断融合在一起，追求从整体上对世界全面直观的观照。学界往往把中国近代科学的不发达归咎于这种思维特征，而现代科学在当代的进一步发展，又显示出东西方两种思维方式在人类认识自然的进程中具有同样的价值。一般认为中国哲学的直觉思维一直停留在朴素的阶段，因而未发育出近代归纳演绎的思维模型。实际上，中国近代自然科学不发达的原因很多，不能因此而贬抑中国哲学的思维水平，尤其是不应忽视其中可能与西方哲学具有互补性的思维方式对当代科学思维发展的独特价值。西方哲学以形式逻辑为起点，形成了一整套严格、精密和机械的思想体系；中国哲学从朴素的辩

证逻辑出发，以广泛的经验层面为基础，直接上升到具体的理性，用一套独特的、不确定的、涵盖信息量大的概念、范畴体系来描述世界的本质规律。随着现代社会的发展，中西思维方式是可以殊途同归并共同发展系统化的思维模式的，而中国教育科学的进一步发展也要受到这种思维形式发展的影响。

自然界是一个十分复杂的有机整体，我们无法用建立在形式逻辑基础上的近代科学提供的简单模型来全面把握它；人更是一个复杂的有机整体，它的发展是多种人格因素、环境因素对立统一的运动结果。近现代学校教育及与其相适应的教育学理论，在一定程度上是分割了个体人格的。具有中国特色的现代教育学理论，应当批判继承本民族的思维传统，以确定和不确定对立统一的新思维来认识人的发展，在丰富的教育经验与教育理论相融合的基础上，形成关于人格发展的多样性、复杂性和有机性的具体理性认识。一味推崇指标量化的教育评估系统，忽视在人的发展过程中教育效应的综合性和模糊性，实在不能说是一种明智之举。

9.5 民族化与科学化的关系

正如前文已经简单阐述的那样，教育学的民族化与科学化，是教育学科学化发展这个过程中并行不悖、相得益彰的两个方面。我们这里讨论的教育学的民族化过程，实际上是教育学科学化发展过程的一个特殊的侧面，在总体上属于教育学科学化发展的一部分。具体来说，教育学的民族化和科学化的关系，主要表现为以下三方面：

其一，教育学的民族化实质上是中华传统教育智慧为教育学的科学化发展做出新贡献的过程。首先我们必须一再做这样的概念澄清，即这里所说的"民族化"，绝非简单的复古，它不是一个教育学从科学退回到前科学时代传统的过程，而是在其科学化发展的过程中形成民族特色的过程。这种民族特色的形成过程，当然不可能与民族文化传统脱离开来，相反它只有表现出这种民族传统的特色才能谓之"民族化"。然而，我们必须特别注意的是，教育学的这种民族化过程，它更主要的不是我们传统的民族文化和教育思想的延续，而是这种民族传统文化和教育思想对教育学科学化发展的一种浸润，是教育学在深刻认识和理解民族文化和教育传统基础上达成的更高水平的科学化发展。在这一过程中，我们的中华传统教育智慧必须转化成教育学赖以科学地认识教育现象和解决教育问题的现代教育科学理论，或者我们传统的思维方式启发现代教育学产生出可以更好地认识教育现象和解决教育问题的新理论，才能真正实现我们这里所说的教育学的民族化。

在这样的意义上，教育学的民族化与国际化也是同一过程的不同方面。我们常常讲"走出去"，但很多时候把"走出去"理解得过于简单了，以为在国际上发表几篇论文、出席几次国际会议、担任某些国际职务，便是走出去了。实际上，这些与真正的"走出去"还相去甚远。"走出去"的实质意义，是中国的教育学家，以中国人的智慧，提出新的行之有效的教育理论，被国际同行接受和认可。因此，立足于中华传统教育智慧，在科学认识教育现象的基础上，提出我们有特色的、行之有效的教育科学理论模型，才是"走出去"最根本、最关键的环节。就其实质意义而言，"走出去"不只是一个国际化的过程，更是一个科学化和民族化的过程，是中华传统智慧为现代教育真正做出贡献的过程。

其二，教育学的科学化必须包含民族化的过程，因为它是我们真正科学、深刻地认识每个民族教育现象的前提和基础。作为人类社会一种重要的文化现象，教育总是不可避免地会带有不同民族的特色。所有的教育现象都必然带有某种民族特色，与民族性完全无涉的教育现象是不存在的。教育学要研究教育现象，不理解教育的这些民族特色，也就不可能真正深刻、科学地认识教育现象，教育学也不可能真正成为一门科学。这在另一方面也是比较教育学等教育学的分支学科得以成立的社会事实基础，是我们相信做比较教育的研究也必然能为教育完善为科学提供一些新的手段[1]的根据。正是因为民族的教育各有不

---

[1] 朱利安. 关于比较教育的工作纲要和初步意见 [M]//赵中建，顾建民. 比较教育的理论与方法：国外比较教育文选. 洪丕熙，译. 北京：人民教育出版社，1994：101.

同的特点，所以我们通过对这些丰富多样的教育现象进行深入的分析和比较，才有可能在科学的意义和水平上把握教育的内在规律。因此，我们说"教育学的科学化"时，已经内在地包含了教育学的民族化过程了，民族化是教育学科学化必不可少的一部分。

这里也涉及民族性与世界性的辩证关系问题。我们说所有教育现象都必然带有某种民族特色，并非意味着人类的教育现象不存在任何的共性，而是在强调个性与共性之间的关系是辩证的、相辅相成的，因而我们不能用非此即彼的思维方式来认识教育现象，因为这种非此即彼的形而上学思维本身就与科学的思维方式背道而驰。我们唯有承认教育现象的民族性，并通过科学研究得出对这种民族性的深刻认识，才有可能在此基础上探寻出教育的普遍规律，并真正形成关于教育现象的科学认识，进而通过理论化和系统化将其表述为教育学的科学原理。

其三，教育学的民族化必须以科学化为前提，否则就有可能变成简单的复古，并进而成为科学化的反动。作为教育学科学化发展过程之重要环节和组成部分的民族化，绝不是简单地恢复某种民族传统，也不是简单地回到本民族某些传统的教育思想中去，更不是简单地用僵死的传统教育思想来看待现代的教育问题。作为教育学科学化发展之一个侧面的民族化，应当是在科学化过程中继承、发扬和生成民族特色的过程，这里既有对传统的继承，也有在传统基础上面向当下和未来的创新，其目的还是在于更加全面深刻地形成对教育现象的科学认识。教育学形成民族特色本身并非民族化成功的标志，以民族独特的思维科学有效地认识教育现象和解决教育问题才是民族化真正获得成功的标志。

如果我们将教育学的民族化简单地理解为复古，以恢复本民族传统教育思想和教育观念为最终目的，那么，就有可能迷失教育学民族化的本来目标，有可能将传统教育思想和教育观念中一些并不符合教育科学和当前教育发展实际的东西掺杂到教育学理论体系中。这样一来，在民族化的过程中，我们教育学的科学性非但不会得到增强，反而还会必然地受到削弱，并且由于这种非科学化的教育学并不能对我们民族的教育现象形成真正科学的认识，因而对我们民族教育的发展显然也是一种不利的消极影响，实际上也不利于我们教育的民族传统在当代教育发展中的延续和新生。简单复古的所谓民族化，既不利于教育学的科学化发展，也不利于民族教育的发展。只有在科学化的意义上来推动民族化，教育学的民族化才能兼具科学的意义和民族的意义。

辩证地处理好教育学的民族化和科学化之间关系的关键，在于我们对民族化的正确理解和把握。避免简单片面地将民族化狭隘地理解成复古，是正确处理民族化和科学化之间辩证关系的关键。将教育学的民族化作为其科学化过程的一部分来推动，从而在科学化的过程中运用我们民族传统的教育思维来为当代人类教育科学做出新的贡献，这样的民族化才会兼有科学强大的生命力。

10

教育学的哲学-科学基础

10.1 教育学中的科学真理与哲学箴言

10.2 认识和发展人的两大理论基石

10.3 教育学发展过程中科学与人文的辩证运动

赫尔巴特在《教育学讲义纲要》（又译《教育学讲授纲要》）的绪论中写道："教育作为一种科学，是以实践哲学与心理学为基础的。前者指明目的，后者指明途径、手段以及对教育成就的阻碍。"①赫尔巴特为什么在一开始就为教育学理论体系奠定了这样两块基石？这两块基石之间的关系及其矛盾运动的逻辑进程如何？这是值得我们注意的理论问题。

10.1　教育学中的科学真理与哲学箴言

教育学，乃成人之学。最有必要聆听"认识你自己"这一箴言的应当是教育学者，只有认识人，才能更好地培养人。

总的说来，人有两面用来反观自身的镜子，一面是哲学，一面是科学。

从一定意义上说，"哲学就是人作为主体的自我意识的理论表现"②。人是一切关于自然和社会的哲学问题的中心，没有这个中心，哲学就会在冰冷的外部世界中冻结、死亡。在哲学王国里，人是作为主体通过反思而从根本上和总体上来认识自身的。笛卡儿把"我思故我在"这样一个在自明性上无懈可击的命题作为哲学的第一原理确立起来，正是集中体现了哲学的反思特性。黑格尔也认为，意识发展到自我意识，才是进入了"真理的自家的王国"。在探索人性的道路上，哲学从意识对自身反思的自我确定性出发，通过概括、抽象、思辨和逻辑推演，建构起不同的概念体系来整体地把握和描述人的普遍本质及其一般发展规律。

另一方面，在对外部世界以及人自身的把握和描述过程中，哲学穷根究源的本性及其对自身的内在逻辑确定性的不断追求，必然要孕育出一个从另一入口逐步深入探索人性的勇士，那就是关于人的科学。在科学的眼里，人是以客体的身份出现的，作为科学研究对象的人是自然的一部分。哲学直接深入人心，

---

① 赫尔巴特. 教育学讲义纲要 [M]//张焕庭. 西方资产阶级教育论著选. 北京：人民教育出版社，1979：298.

② 高清海. 哲学与主体自我意识 [M]. 长春：吉林大学出版社，1988：5.

反求诸己以明人性,而科学恰恰要排除主观成见的影响,把观念的确定性建立在客观事实的准确性和可证明性基础之上,通过精微的观察、分析、推导、验证,一步一个脚印地弄清各种具体现象之间的因果关系,决心穷尽每一局部以了解人性的复杂整体。在哲学王国里,人是一团燃烧着的思想;在科学实验室中,人是一块坚硬的事实。

阐发人性的哲学理论的核心部分是关于社会人伦的反思,即伦理学,赫尔巴特称之为"实践哲学",而心理学则是科学解释人性的最重要结晶。

在人的教育活动中,存在着两层人与人之间的关系,一层是人与人之间的主客关系,另一层是人与人之间的主体际关系,即交往关系。在认识受教育者的身心发展规律与发展水平的过程中,受教育者是作为客体进入教育者的认识活动的。在这里,作为认识活动对象的人是客观的科学事实,他的身体、行为、思想乃至他的主体自我意识,此时都是这个科学事实的组成部分。这里的认识活动属于教育者,受教育者的意识活动只是一种客观对象,它无法作为主体意识直接介入和干预教育者的认识活动。然而,一旦发生具体的教育活动,教育者和受教育者之间的另一层关系——交往关系就成为必然。

按照哈贝马斯的解释,"交往行为是以象征(符号)为媒介的相互作用。这种相互作用是按照必须遵守的[社会]规范进行的,而必须遵守的规范又是给相互期待的行为下定义的,并且至少必须被两个行动着的主体理解和承认"[①]。为什么说教育者和受教育者是处在交往关系中的两个主体呢?这是因为,人的发展只能是自己作为主体通过交往参与社会实践的结果,一切外部因素对人的影响只有通过人自身的实践与认识活动才能实现。教育活动是这两个主体的共同操作过程。借助语言文字和教学设备,教育者把知识、技能、道德思想等用受教育者易于接受的形式表达出来,而受教育者只有通过自己的认识和实践活动才能真正接受这些知识、技能和道德思想。在这里,表达的过程是一种文本的创造过程,接受的过程是一种文本的解释与理解过程,这个文本是双方共同

---

① Jürgen Habermas. Technik und Wissenschaft als "Ideolgid"[M]. Frankfurd:Suhrkamp Verlag,1969:62.

面对的客体，而语言文字、教学设备等则是共同操作所凭依的工具。借助共同客体的中介作用，教育者和受教育者之间结成了主体与主体之间的交往关系。离开这种交往关系的教育是不可想象的。

当我们说"理论"这个词的时候，一般指的是"指导或控制各种行动的一组或一系列规则或一整套的箴言"①。由于教育活动中主客体关系的上述双重结构特征，指导教育活动的教育学理论自然也要包括两大方面的核心内容：其一是指导和调节教育者与受教育者之间主客关系的科学规则，其二是指导和调节二者之间主体际关系的一整套哲学箴言。前一方面内容代表了教育学作为一种理论所反映出来的主体性，后一方面内容则表达了教育学的主体际性。

10.2 认识和发展人的两大理论基石

上述关于教育学两大理论基础的分析，并非意味着教育者在认识受教育者身心发展规律时只接受关于人的科学（心理学等）的指导，而在具体教育活动中则只接受关于人的哲学（伦理学等）的指导。在实际的教育过程中，这两个方面是相互交织、互相依存的。

"哲学的确立必须以科学为前提，科学的前进必然以哲学为归宿。"② 哲学与科学的分野只是历史发展的一个否定性环节，而不是简单的彼此割裂的相互代替。在这样一个否定性的中介环节上，哲学与科学在人类认识过程中各自起着独特的作用，相互启发，互相印证，对立统一，殊途同归。

就对人的认识而言，科学以其精细严密、务实求真见长。它从细微处着手，抓住人的生理、心理的外部表征，由表及里，透析人的每一具体的生理和心理机制，揭示人的发展与进化的客观规律。然而，科学又总是不能离开哲学的，尤其是在关于人的问题上更是如此，这不只是因为科学曾孕育于哲学的母体，

---

① Daniel John O'Connor. An Introduction to the Philosophy of Education [M]. London: Routledge, 1957: 75.
② 萧焜焘. 科学认识史论 [M]. 南京：江苏人民出版社, 1995: 3.

也不只是科学至今仍需要哲学在理论基础上的哺育,更重要的原因在于:在人的发展中,自然界运动变化的"自发的活性"[①]已上升为一种"自觉的活性",这就是人作为主体通过实践创造自身的自主性和能动性。我们要研究如何促进人的发展,在根本上说就不能离开哲学。

哲学对人的认识是主体自我意识的一种反思,是在一般的、抽象的和普通的层次上的一种直接把握,是一种"玄览"(《老子·第十章》)。由于是对人的一种总体上的观照,这种玄览往往可以得出完整的人的图景。与科学通过分门别类的剖析得到的那幅支离破碎的人的图景相比,哲学中的人的图景更加接近一个具有生命活性的人的概念。但是,哲学中的人的概念是一整套抽象的概念和命题构成的逻辑体系的一种推演结果,它既是完整的,同时又是模糊的。哲学抽象的特性决定了它不能不舍弃那些关于人的具体的细枝末节,因此,科学有能力向哲学提出这样的诘难:哲学所提供的完整的人的图景,其可证实的经验基础何在?实证主义哲学、分析哲学和现象学等近现代的哲学运动正代表了哲学对某种可证实性、可操作性的追求。实际上,就一定意义而言,这种对逼近真理的精确性的不断追求,恰恰是从哲学中分离出来的科学应当承担的任务。科学步步为营,小心求证,而哲学的理性之光则直接照亮了科学最终应达到的目标。

教育学是一门既要面对总体的人,又要面对个体的人的学问。

教育的根本任务在于促进人的发展,人的发展是一个与人的社会生活密切相关的生命的高级运动变化过程。因此,教育活动也是一个绵延不断的运动过程。作为一个过程,教育总是带有某种或潜在或明显的目的性。这种目的性就是教育内在的指向一种理想中的完整的人的图景的逻辑预期性。这幅完整的人的图景的理想性决定了它不可能是现实生活中某一具体的人的映射,而是众多的个体人格的理想因素折射出来的总体的人的图景。也就是说,既然教育学乃"成人"之学,那么它就不能回避究竟要"成"什么样的人的问题。与这一问题

---

① 尼科里斯,普利高津. 探索复杂性[M]. 罗久里,陈奎宁,译. 成都:四川教育出版社,1986:5.

密切相关的又有一系列问题，它们是回答这一问题的前提。譬如：什么样的人生才是合乎"真、善、美"的？"真、善、美"又究竟是什么？什么样的人才能符合现在或未来社会生活的要求？现在或未来的世界就其本质而言是怎样的？等等。可见，"成什么样的人"这个问题的进一步引申，就已进入了哲学领域，这说明教育的目的性所指向的总体的图景是哲学关于人的反思的结果。

然而，目的本身不等于过程，过程的最终结果不能取代达成这一结果的过程的每一具体环节。教育学所直接面对的是现实的具体的个人而不是抽象的总体的人，每一具体个人又由于先天资质与后天环境的不同而有着不同的发展道路，并且在同一个人的发展道路的不同阶段又有着各不相同的发展任务。个人发展过程的一系列非常复杂的特殊性中包含着大量的在哲学的抽象道路上被"扬弃"了的然而又对人的发展有着重要影响的因素。另一方面，个人直接生长于其中的"生活世界"（德文为"Lebenswelt"）不是由抽象的理性原则构成的，而是由一连串变动不居的、现实而又具体的情境组成的。在这里，个人现实的发展过程表现为在流动的时空中人与环境的连绵不断的相互作用。教育只有落实于个人的生活世界才能真正为人的发展提供现实的服务。

在辩证唯物主义者看来，目的与手段是"人类自觉的对象性活动中两个互相联系的因素"[1]。教育学如果失去了哲学所提供的完整的人的图景，那么它也就失去了人本身，教育活动就可能成为无的放矢的盲动；同样，失去了科学描述的具体的人的图景，教育学所能给人的也只有一幢空中楼阁。然而，由于近代经验自然科学的知性思维方式和唯理性主义思潮的影响，赫尔巴特尽管同时强调教育学的两大理论基础，但赫尔巴特及其以后的教育学总体上还是以科学化为其主要倾向的。"人"在教育学中的这种遭遇同它在整个知识界的遭遇是一致的。科学化是教育学发展历程中的一个必要环节，但唯科学化的倾向也带来了一些问题。最重要的是，把人当作一种科学的主题加速了人自身的消失，"在一种人的科学肖像中，我们不得不尾随科学中成为对象的东西，那却不是我们

---

[1] 中国大百科全书总编辑委员会《哲学》编辑委员会，等. 中国大百科全书·哲学卷：第Ⅰ册[M]. 北京：中国大百科全书出版社，1985：639.

自前科学的各种关联中所熟悉了的人"。"人成了科学所考察的现象中的伴生现象。"[1] 在一定程度上，我们可以看到，不少现代教育学著作都是以一种唯科学的、非人类学化的态度来谈论人的，"人"从教育目的的位置上被撤离，被代之以某种实用目的，而人本身却成了达成这种目的的中介和手段。

10.3 教育学发展过程中科学与人文的辩证运动

"哲学与科学在其漫长的历史行程中，经历了'原始综合—知性分化—辩证综合'的圆圈形运动。"[2] 这一辩证运动的螺旋形逻辑结构，在教育学的发展进程中也有所体现。由于理论基础的辩证运动，教育学的发展经历了由五个阶段构成的两个相互交叉的圆圈形辩证运动历程。

第一个圆圈运动：从前赫尔巴特时期到赫尔巴特时期，再到杜威时期。

赫尔巴特以前的教育学主要是以一种关于教育的哲学理论的形态而存在的。从柏拉图的《理想国》到康德的《论教育学》，所有教育学说都是哲学思想体系的一部分，是关于教育的哲学理论。在这一时期，教育学的理论基础就是哲学关于人性的反思。这是一个教育学从孕育于哲学母体到逐步成熟并从哲学母体中分化出来的时期，夸美纽斯的《大教学论》和康德的《论教育学》代表着从哲学母体中初步分离出来的教育学理论。夸美纽斯是运用哲学的概念体系和哲学的论证方法阐明他的关于教育目的、教育的自然适应性原则等的教育思想的。康德的《论教育学》也是他的批判哲学在教育思想上的表述。

到赫尔巴特的《普通教育学》和《教育学讲义纲要》，教育学开始走向科学化。在赫尔巴特所运用的概念体系中，"意识阈""统觉"等心理学的科学范畴已成为教育学重要的基本概念。此外，如"统觉团""兴趣""注意""专心""审思"等心理学概念，在赫尔巴特的教育学著作中也频繁出现。

---

[1] 施勒德尔巴赫. 哲学与人的科学 [M] //张世英，等. 哲学与人. 北京：商务印书馆，1993：10.
[2] 萧焜焘. 科学认识史论 [M]. 南京：江苏人民出版社，1995：25.

桑代克和盖茨的《教育之基本原理》把教育学的科学化第一次推向极致。桑代克以他的行为主义心理学为理论基础，主要运用心理学的科学概念体系和证明方法，并且运用了科学实验方法，来阐述他的教育科学理论。在这一时期的儿童研究运动中，拉伊、梅伊曼、霍尔、比纳、克拉帕海德等人的教育学说都带有浓厚的科学主义色彩。

以杜威为代表的进步主义教育运动则是第一个圆圈运动的否定之否定环节。在杜威的教育学理论体系中，机能心理学思想是其科学基础，工具逻辑学（实验主义）和社会有机论是其哲学基础。就其所运用的基本概念系统和主要论证方法而言，杜威的由教育性质论、教育过程论和教育价值论三部分组成的实用主义教育学理论体系是以其实用主义哲学为统摄灵魂的。他的最为引人注目的"儿童中心论"和教育改造社会的思想，带有明显的哲学理想性。

第二个圆圈运动：从杜威时期开始，经布鲁纳时期，直到今天。

正如有位评论家所言，杜威之后的思想必定会超越杜威，"可是很难设想在前进中怎样能够不通过杜威"[①]。杜威的教育思想既是教育学第一个否定之否定运动的逻辑终结，又是第二个否定之否定的辩证运动的逻辑起点。

在杜威的教育思想中，一开始就包含了这一思想体系走向下一个否定环节的内在的自我否定因素。他在强调"儿童中心"和儿童自己的"活动""经验"时，似乎人真正成了教育的中心和目的，教育真正成为一种主体发展自我的活动；然而，当他论述通过教育建立他所理想的民主社会时，人以及人的教育活动又成为改良社会的工具和手段。这种以社会为中心的工具主义思想，加上皮亚杰的结构主义心理学的兴起以及美国《国防教育法》的公布，教育学的辩证发展历程于是步入布鲁纳时期。

布鲁纳是一位心理学家，他在《教育过程》中所表述的主要教育思想，如学科基本结构理论、课程编制理论等，都是以结构主义心理学为理论基础的，其基本概念系统和论证方法，都表现出明显的科学主义倾向。在教育学的这一

---

① Arthur G. Wirth. John Dewey as Educator: His Design for Work in Education (1894 – 1904) [M]. Florida: Krieger Publishing Co, 1966: 1.

发展时期，还有斯金纳的新行为主义教育理论、赞可夫的"发展性"教学思想和巴班斯基的"最优化"教育学说，都代表了一种科学主义的倾向。

这种科学主义倾向影响当代教育实践，已经给人的发展带来了一系列的问题。关于当代人的"发展困境"，这里毋庸详述。需要指出的是，"反者道之动"（《老子·第四十章》），当代世界教育理论界正共同探索的科学主义教育思潮与人文主义教育思潮的"融合"，正是标志着这一个圆圈运动由否定环节向否定之否定环节的转折。

科学主义与人文主义两大教育思潮"融合"产生的第三种形态的教育理论应该是怎样的呢？对这个问题，目前的教育理论界仍是见仁见智，莫衷一是。我个人的观点是：在新的教育学理论体系中，既不是人文统治科学，也不是科学领导人文。教育学的"哲学-科学"基础应当统一于一点，那就是生理人类学、心理人类学、社会人类学、文化人类学和哲学人类学等众多人类学理论综合形成的一种"总体人类学"（metanthropology）。在这种"总体人类学"基础上建立起来的新教育学理论体系，应当以广阔的视野审视人的所有教育活动，从而把教育学的研究对象还原为存在于人类社会中的全部教育现象，而不是仅仅局限于学校的有限时空。我把这种新型的教育学叫作"泛教育理论"（pan-education theory），只是为了区别于既有的"教育学"，其实这种全面观照所有教育现象的教育学才是真正的教育学。

11

教育学的学科反思与重建

11.1 忧患与新生

11.2 在冲突与反思中成熟

11.3 从整体出发为重建而谋划

教育学当前的尴尬处境已经无须我们过多地赘述了。闯劲十足的青年学者好像迫不及待地宣布它已经"终结",在本学科倾注了毕生心血的老专家似乎也准备接受它的"消亡",就连联合国教科文组织的《国际教育标准分类》中也没有给它留下一个学科应有的一席之地。

然而,稍加反省我们就会发现,我们有很多未弄清楚的问题。教育学学科危机的实质及其根本原因到底是什么?在接受教育学"消亡"之前,我们应当对诸如此类带有根本性的问题一一加以反思。

11.1 忧患与新生

历史的方法是我们认识事物一条重要的基本方法。教育学的"终结"之虞到底起于何时、来自何方?我们必须首先对此追根溯源,然后才能为分析和反思找到踏实的立足点。

回顾历史我们可以看到,教育学在发展道路上遭遇危机并非只有一次,其中有一个不断消长的过程。总体上讲,教育学的危机在某种程度上与哲学曾经面对的危机有某种相似之处,这种危机直接来自两个方面:一是知识体系的分化,二是来自"科学"的挑战。从杜威稍微往前回溯,赫尔巴特 1806 年出版的《普通教育学》,其重要目的之一就是要建构一门"科学的教育学"——我们至今仍将其作为科学的教育学的一个起点,而其结果之一是导致了关于教育的知识体系的进一步分化。赫尔巴特最重要的一个作为,就是在从前的哲学之外将心理学引为教育学的基础,其科学化的意图显而易见。这也是教育学应对危机的反应之一。再进一步上溯,卢梭提出他的自然主义的教育理论的重要原因之一也是原有的经院教育理论陷入了危机,正如他在《爱弥儿》序言中所说的,旧的教育方法早已有人"大声反对",却没有人"提出一套更好的来"[①]。同样是应对危机,提出的方案却有很大不同。卢梭强调对僵化狭隘的经院主义教育的否定,

---

① 卢梭. 爱弥儿:上卷 [M]. 李平沤,译. 北京:商务印书馆,1978:2.

主张一种人在社会生活中全面地自然地生成的教育理论;赫尔巴特不同意卢梭的这种教育理论,认为"教育学以学生的可塑性作为其基本概念",并特别强调"通过教学来进行教育"的思想①。正如村井实所言,在赫尔巴特那里就已经"孕育着他的教育学不久即将僵化成为狭义的学校教育学的可能性"②;杜威则强烈批判赫尔巴特的这种教育学,重新强调个人在社会生活中的全面生成,但与卢梭不同的是,杜威强调的是人的社会生成而非自然生成过程。这里我们清楚地看到教育学对其研究对象的理解和探索有一个"整体—部分—整体"的否定之否定的辩证历程。实际上,从卢梭再往前,或从杜威再往后经布鲁纳到如今的《学会生存》等,我们都可以看到,教育学每一次面对危机,都会经历一次辩证法的否定。在"整体"的环节上,由于论域的扩大,教育学涵盖的问题极其繁杂,所以往往是克服了狭隘和僵化而又面临体系松散的危险;在"部分"的环节上,由于论域主要集中于"教学"这一典型的教育活动,教育学的理论体系相对集中而紧凑,但克服了松散却又难免狭隘和僵化。整个教育学的发展历史都充满了这样的此消彼长的辩证运动,限于篇幅,在此不再赘述。③

我们的教育学今天正处在一个从"部分"走向"整体"的辩证环节上,即通过对布鲁纳、赞可夫、巴班斯基等否定环节的否定,最后如《学会生存》中所说的"走向完人",完成新一轮的否定之否定的辩证历程,这是危机中的新生。很明显,处于否定环节上的布鲁纳对杜威的教育理论持明确的批判态度,并再次以"科学的"面貌将教育学引向学校教学这种教育现象的"部分",与他同时代的赞可夫和巴班斯基也是一样。在20世纪的最后20多年时间里,以联合国教科文组织为核心的一批学者提出了一系列新的教育理念,预示着教育学一个回归"整体"的新的否定之否定发展阶段即将到来。他们突破布鲁纳等人的狭窄视界,重新将教育视为"人类生存的一种进程",从原始社会教育活动朴素的丰富性出发来论述教育的本质,并且认为"只要我们初看一下当今学校行

---

① 赫尔巴特. 普通教育学·教育学讲授纲要(合订本)[M]. 李其龙,译. 北京:人民教育出版社,1989:190,13.
② 大河内一男,等. 教育学的理论问题[M]. 曲程,等译. 北京:教育科学出版社,1984:22-24.
③ 项贤明. 泛教育论:广义教育学的初步探索[M]. 太原:山西教育出版社,2000.

时（school-going）的社会，我们就会发现情况并没有发生多么大的变化"[1]。基于这样的认识，教育学自然要全面探讨所有的教育现象和人的全面生成，而不是仅仅局限于学校教学。狭隘和僵化可以被克服，但结构松散的问题又会暴露出来，再加上教育学科群空前的分化发展，于是有人惊呼教育学已经"终结"或"解体"就不足为怪了。

这样看来，教育学的危机似乎算不上真正的危机，而是一种矛盾运动的合理状态。那么，为什么我们今天的教育学会如此真切地感觉到岌岌可危呢？难道这全然是一种错觉？要探讨这危机的根源，还需做进一步的分析和反思。

11.2 在冲突与反思中成熟

诚然，几乎所有的学科在其发展过程中都或多或少要经历一些曲折和振荡，这正是辩证法之真理普遍性的表现。然而，并非所有的学科都如教育学这样常常让人感到危机四伏甚至要被宣布"终结"。为什么单单教育学如此？我们必须再做思量。

教育学受到最多诘难的就是其科学性或有效性，赫尔巴特时代以前主要是怀疑其有效性、可靠性或合理性，赫氏时代及其以后则主要受到关于其科学性或"科学"身份的攻讦，在总体上其前后的意义是相近的。教育学受到这样一类的怀疑和质问并不奇怪。它充满热情而稚气的目光要追寻的是人的生长发展问题。"人"自身的问题太复杂了，但对人自身，我们仍旧所知甚少。赫尔巴特当初指望在哲学之外再找一个心理学作为教育学的基石，从而使其成为一门"科学"，然而心理学自身也并没有发展到无可置疑的"科学"的程度，甚至如今也偶尔有人要将其"逐出科学的殿堂"。这里并非只是一般科学方法和手段发展不够的问题，更重要的是"人"自身的发展与自然界的发展变化有着根本的差异，那就是人作为主体其发展的自主性和能动性。斯金纳等人企望通过他们

---

[1] Edgar Faure, et al. Learning to Be [R]. UNESCO, Paris, 1972: 153, 143, 4-5.

的"行为科学"将人"一个一个地转移到控制性环境上"[①]的妄想,是注定不可能实现的。在这种意义上讲,教育学的确不像自然科学那样"科学"。这是不是它面临"终结"的原因呢?显然不是。因为科学的发展是永无止境的过程,几乎所有的科学都很难宣布自身的科学性已经达到绝对的极致境地,然而并非所有学科都遭到这样的质疑。我们承认,教育学还远未成熟,但这只能说明它还需要进一步发展,并不构成对其学科地位的根本威胁。

另一种质疑教育学学科地位的理由是它与其他学科关系暧昧,没有自己独立的范畴和话语体系,只是借用其他学科研究成果来研究人的发展问题而已。的确,因为教育学探讨的是人的生长发展这样一个复杂的问题,所以广泛借用其他科学的研究成果几乎是不可避免的,在教育学否定之否定辩证发展的"整体"环节上,由于要全面观照人的生长发展,所以这种"借用"更为明显。不少人引用杜威的话来质疑教育学的独立性。杜威说过:"我们没有一门特别独立的桥梁建筑学,同样也没有一门特别独立的教育科学,但是,从其他科学抽取来的资料,如果集中在教育上的问题,就成为教育科学的内容。"[②]我们不能不说这里确实蛰伏着教育学的危机。然而,且不论杜威将教育学比作"桥梁建筑学"是否恰当,仅就这种观点本身而论,也并不能真正否定教育学存在的必要性,因为我们显然不能将人的生长发展问题分散开来分别交付给其他各门相关学科去研究。况且"借用"的现象绝非仅教育科学领域存在,它是科学界极其普遍的现象。学科关系暧昧只能说明教育学的开放性,并不构成对其学科地位的动摇。

宣布教育学"终结"还有一条重要理由,即认为教育学作为一门学科已无存在必要。其一方面的前提就是前面杜威的观点,认为只要将其他学科的成果借用来研究教育问题就行了,没有必要再建立一门教育学。这种观点显然是站不住脚的。对人自身的生长发展这样重要的问题,我们实在没有理由任其处于散漫的研究状态。这没有必要再做过多解释。另一方面重要的前提是教育学已

[①] 斯金纳. 超越自由与尊严 [M]. 王映桥, 等译. 贵阳: 贵州人民出版社, 1988: 200.
[②] 杜威. 杜威教育论著选. 赵祥麟, 等译. 上海: 华东师范大学出版社, 1981: 281.

经分化成为一系列学科组成的学科群，其职能可由教育哲学、课程教学论、教育心理学等分别代行。这个前提也不充分，因为教育学作为一门研究有关教育问题的基本原理和原则的学科，有很多任务是别的教育学科所无法替代的。特别是当我们的论域突破"学校教育"而周延至人的全部"教育"时，更是有很多领域是其他分支学科不能涉足的。退而言之，即便教育学的各种具体任务已经可以由各分支学科分别完成，但要完成从总体上回答人的生长发展的问题这一根本任务，就仍然需要有一门学科来克服各门学科各行其是的散漫状态。当然，我们可以不用"教育学"来指称这门学科，譬如另建一门"育教学"，或者将譬如教育哲学这一分支学科改造提升为一门关于人的生长发展的总体的学问（尽管我们明确地将教育哲学定位在一门边缘学科的地位上[1]，但如今并非没有这种改造的发展趋势和迹象，其中教育学本身的弱化也是原因之一。这是一个可以另外讨论的问题），然而，无论如何，这门学问独立存在的必要性是毋庸置疑的。

那么，教育学何以沦落到今天如此尴尬的境地呢？实际上，回顾历史我们可以看到，教育学的历次危机，其最根本的原因还是在发展变化了的教育现实面前，教育学对现实解释能力和指导能力的弱化。也就是说，理论与实际之间的矛盾冲突，才是危机的根本原因，教育学也正是在这种冲突及其反思中逐步走向成熟的。就其解释现实进而在此基础上指导现实的能力而言，我们今天的教育学的确有成堆的问题没有解决。譬如：在理论上，就连"教育"这样最基本的概念，我们还有模糊而奇怪的所谓"广义"和"狭义"之分，而对"广义"的教育（其实应是完整的"教育"概念本身）我们几乎是存而不论；在实际上，人类教育中存在厌学、道德教育效能低下、教育的训练化、规训与反叛的冲突等。对这些理论的和现实的问题，我们的教育学都没能提出一个有说服力的解释，因而也无法指明总体的方向，更不用说有效的解决方案。而像教育学这样的一般理论，其存在的根据、意义和价值就在于它对现实的洞察力和解释力。

---

[1] 中国大百科全书总编辑委员会《教育》编辑委员会. 中国大百科全书·教育. 北京：中国大百科全书出版社，1985：185.

丧失了这些，人们就有理由对教育学提出怀疑和质询。这才是教育学危机的根本原因所在。

然而，这些问题的存在并不能否定教育学存在的必要性，相反，正好说明了它存在和发展的必要性，问题是我们如何发展它。

11.3　从整体出发为重建而谋划

教育学危机的化解及其学科地位的重建，关键在于增强其对现实的解释能力，这是所有理论的生命力源泉。面对如今已经分化成相当规模的学科群的教育学科体系，教育学自身的重建还须从整体出发。站在教育学发展新的否定之否定环节上，我们应为探索其新生的希望之路而谋划。

教育学对现实的解释能力为什么会弱化？简而言之，根本原因在两个方面：一是教育学理论视野的狭隘化，二是分散的、局部的理论由于缺乏统整而造成理论视野的支离和局限。作为一种人类学事实（而不是从某个抽象概念出发）的教育现象遍布人类社会生活的各个领域，其构成也十分复杂。这里既有课堂教学这种特殊教育形式，也有一般的教学或教授，还有生活世界那些有意的、随意的、不知不觉的甚至是缄默而难以言说的教育。每当教育学的发展在"整体—部分—整体"的辩证运动中处在"整体"的环节上时，它往往会承认甚至强调教学或课堂教学以外的那些教育现象，而在"部分"的否定环节上，它的兴趣常常聚焦于教学或课堂教学这些特别典型的教育活动，却忽视或至少忽略其他形态的教育现象。在20世纪中叶，我们教育学的发展主要处在"部分"的环节上，在布鲁纳、巴班斯基等人的著作中，虽然没有像赫尔巴特那样宣布没有"无教学的教育"或"无教育的教学"[①]，但"教学"还是几乎占据了全部内容。如此，教育学实际上逐渐狭隘化成"教学学"甚至只是"课堂教学学"了。

[①] 赫尔巴特. 普通教育学·教育学讲授纲要（合订本）[M]. 李其龙, 译. 北京：人民教育出版社, 1989: 12.

等到《学会生存》等产生广泛影响的时候，教育科学虽然日渐趋于对教育的"整体"观照，但由于教育学作为一门学科的发展已相当疲弱，而分化成众多分支学科的教育科学各自从不同的角度研究和解释教育现象（而且主要仍局限于教学，远非全部教育现象），却没有一门学科从总体上来对这些现象做出解释。与此同时，现代学校教育制度及与其相适应的教育理论在长期发展过程中逐步形成了"知识中心主义"的倾向，并由此带来现代教育的训练化；教育学视野的狭隘化及其对大众教育理念的影响又造成了生活的非教育化和教育的非生活化。① 这种深层局限就表现为厌学、道德教育弱化、学校教育与生活世界的教育相互冲突等现象。凡此种种，视野狭隘而分散的教育科学已丧失对其进行解释分析进而提出解决方案的能力。危机由此而产生。

否定之否定不仅是一个循环的过程，更是不断上升的过程。从卢梭经赫尔巴特到杜威，教育科学在杜威时代分化成一个科学体系，而不再像在卢梭时代那样；从杜威经布鲁纳到今天，教育学的学科重建也不是简单地回到杜威或卢梭，而是要在整体考虑教育科学体系分化发展的基础上来思考教育学自身的重建问题。

教育学科群中各学科之间的关系主要取决于两个方面，一是研究教育现象的不同角度或方面，二是研究教育现象的不同种类或领域。这两个方面，根本上反映了这一学科领域中各个基本概念之间的关系，而这些基本概念恰恰是人类对教育现象认识水平的根本反映。教育学，就其所研究的教育现象本身而言，就存在着辩证概念和知性概念的层次关系。人们对社会生活中一些具体的教育现象进行初步的概括，形成"教学""教授""教训""教导"等概念。在辩证逻辑看来，这些都是知性概念，黑格尔说它们是"将事物的感性改变为概念"；而"教育"则是一个辩证概念，它在抽象具体的层次上"达到了多样性的事物的差别"②。"教育"本身并不直接指某种十分具体的活动，正如彼德斯（R. S. Peters）所言，"'教育'不指称某一特殊过程，相反，它囊括了一个过程

---

① 项贤明. 泛教育论：广义教育学的初步探索［M］. 太原：山西教育出版社，2000.
② 黑格尔. 精神现象学［M］. 贺麟，等译. 北京：商务印书馆，1979：162, 271.

家族中任何一个成员都必须符合的标准"①。由于这种概念的层次关系，教育学就处在一个较之其他如教学论等研究具体某一种教育现象的教育学科抽象程度更高的层次上。在教育学这门在抽象具体层次上总体地研究教育现象的学科下面，主要存在着三类教育学科，第一类是如教学论、德育学、体育学等研究某一种具体教育活动的学科；第二类是研究某一特殊领域中教育现象的学科，如学校教育学、家庭教育学等；第三类是从哲学、经济学、社会学、法学等不同角度具体研究教育现象的学科，如教育哲学、教育经济学、教育社会学、教育法学等。教育学的重建，不应脱离这样一个学科体系关系，尤其是不能脱离它自身在这个学科体系中的地位和作用。

教育学要成为一个统领教育学科群的学科，它首先必须是以全部教育现象为研究对象的。所谓"狭义"的教育学，实际上只能是教育学下面的分支学科，不能简单地称之为"教育学"。教育学不应有广义狭义之分，它应当在一般的层次上全面研究教育这种社会现象。因此，我们现存的教育学理论体系需要进行彻底的改造。其次，作为一门从根本上总体研究教育现象的学科，它必须通过分析研究，从根本上揭示现实教育问题的深层原因，譬如：厌学与现代教育训练化的关系；道德教育弱化背后潜藏着的科学世界的教育与生活世界的教育之间发生断裂，以及由此带来的现代社会中生活的非教育化和教育的非生活化问题；等等。增强对现实的解释力，才是教育学摆脱危机的根本出路。最后，教育学必须突破具体的知性框架而在抽象具体层次从总体上全面研究人的生长发展及其一般规律。借用中国儒家的概念，它应当成为一门研究人之何以为人的"成人"之学。道理很简单，因为如果教育学不承担这一任务，那我们目前还没有哪一门学科能够承担。如果所有的学科都不承担这一任务，那么人自身的生长发展将被抛弃在人自己的理性认识之外，我们只能见到一些支离破碎的模糊影像，却看不清根本的方向。

基于以上三个基本认识，我们首先应当从一个完整的"教育"概念出发，

---

① R. S. Peters. The Concept of Education [M]. London: Routledge & Kegan Paul Ltd., 1967: 1.

以"教学""教养""训练"等表述不同教育现象的概念之间的层次关系为线索，根据各种基本概念的结构、类别及其相互之间的逻辑联系，修订和重建教育学的范畴体系。对一门独立的学科来说，拥有自己的基本概念和话语体系，特别是核心的范畴体系，是一个重要的基本要素。在以"学校教学学"这一部分取代教育学整体的否定的发展环节上，教育学的概念和话语体系不仅是不完善的，而且是狭隘的。我们要在否定之否定中实现向更高层次的完整性回归，就有必要修订甚至重建教育学的概念和范畴体系。正是这些概念，最集中地反映了人类对教育现象的认识水平。这些概念都是人们认识教育现象的网上纽结，以这张由基本概念联结成的思维之网为基础，我们接着要围绕现实的个人的生长发展，全面地概括总结出教育学的基本命题和基本原理。我们现有的教育学由于没有自己完善的概念和话语体系，其基本命题和基本原理的发展也受到了很大限制，贫乏的同义反复和肤浅的描述比比皆是，并且相互之间常常缺乏内在联系。重建基本命题和基本原理及其内在逻辑联系，是我们重建教育学这门学科的第二层次。在此基础上，我们还要按照逻辑与历史统一的原则，将这些概念、命题和原理运用于对实际教育问题的解释和分析，并在解释和分析的过程中加以检验和发展。正如恩格斯在《自然辩证法》中所说的那样，"辩证逻辑和旧的纯粹的形式逻辑相反，不像后者那样只满足于把思维运动的各种形式，即各种不同的判断形式和推理形式列举出来并且毫无联系地并列起来。相反，辩证逻辑由此及彼地推导出这些形式，不是把它们并列起来，而是使它们互相从属，从低级形式发展出高级形式"[1]。遵循形式逻辑和辩证逻辑的基本原则，我们从表述教育现象的知性概念上升到"教育"这一辩证概念，进而全面概括出教育学的基本命题和基本原理，以这些概念和命题为基础，我们应当面对现实生活中的各种教育现象，以教育哲学课程教学论、教育心理学、教育社会学等教育学科群中其他学科的研究为基础，以心理学、社会学、文化学等相关科学的理论为支持，演绎和重建出一整套新的教育学理论。这套处在新的

---

[1] 马克思，恩格斯. 马克思恩格斯选集：第3卷 [M]. 3版. 北京：人民出版社，2012：925.

否定之否定发展环节上的教育学理论，应当是一种关于人的生长发展的全面的"成人"之学。

教育学应当走向"成人"之学，这是它在新世纪重建自身的希望之路。这无疑将是一条遍布艰难险阻的道路，因为对"人"自身，我们是如此无知，但我们必须选择无畏，选择登攀。

参考文献

阿尔伯特. 批判性理论（增订第五版）[M]. 朱更生，译. 杭州：浙江大学出版社，2016.

奥尔森. 社会科学的兴起：1642—1792 [M]. 王凯宁，译. 北京：科学出版社，2018.

奥斯维特. 新社会科学哲学：实在论、解释学和批判理论 [M]. 殷杰，等译. 北京：科学出版社，2018.

贝尔纳. 历史上的科学：第4卷 [M]. 伍况甫，等译. 北京：科学出版社，2015.

贝斯特. "教育学"一词的演变 [M] //瞿葆奎. 教育学文集：教育与教育学. 北京：人民教育出版社，1993.

比彻，等. 学术部落及其领地：知识探索与学科文化（重译本）[M]. 唐跃勤，等译. 北京：北京大学出版社，2015.

毕夏普. 社会科学哲学：导论 [M]. 王亚男，译. 北京：科学出版社，2018.

波普尔. 猜想与反驳 [M]. 傅季重，等译. 上海：上海译文出版社，1986.

波普尔. 走向进化的知识论 [M]. 李本正，范景中，译. 杭州：中国美术学院出版社，2001.

波塞尔. 科学：什么是科学 [M]. 李文潮，译. 上海：上海三联书店，2002.

波特，等. 剑桥科学史：第4卷 [M]. 方在庆，等译. 郑州：大象出版社，2010.

波特，等. 剑桥科学史：第7卷 [M]. 王维，等译. 郑州：大象出版社，2008.

波伊曼. 知识论导论：我们能知道什么？[M]. 洪汉鼎，译. 北京：中国人民大学出版社，2008.

布列钦卡. 教育科学的基本概念：分析、批判和建议 [M]. 胡劲松，译. 上海：华东师范大学出版社，2001.

查尔默斯. 科学及其编造 [M]. 蒋劲松，译. 上海：上海科技教育出版社，2007.

陈鼓应. 老子注译及评介 [M]. 北京：中华书局，1984.

陈桂生. 教育学辨："元教育学"的探索 [M]. 福州：福建教育出版社，1998.

陈桂生. 教育学的建构（增订版）[M]. 上海：华东师范大学出版社，2009.

陈桂生. 教育学苦旅[M]. 上海：华东师范大学出版社，2012.

陈洪澜. 论知识的组织与融通[M]. 北京：中国社会科学出版社，2013.

大河内一男，等. 教育学的理论问题[M]. 曲程，等译. 北京：教育科学出版社，1984.

戴本博. 外国教育史（中）[M]. 北京：人民教育出版社，1990.

德威特. 世界观：科学史与科学哲学导论[M]. 李跃乾，张新，译. 北京：电子工业出版社，2014.

杜威. 杜威教育论著选[M]. 赵祥麟，等译. 上海：华东师范大学出版社，1981.

费尔伯. 术语学、知识论和知识技术[M]. 邱碧华，译. 北京：商务印书馆，2011.

冯至伟. 现代术语学引论[M]. 北京：语文出版社，1997.

弗拉森. 科学的形象[M]. 郑祥福，译. 上海：上海译文出版社，2005.

福柯. 什么是批判？[M]//汪民安. 福柯读本. 北京：北京大学出版社，2010.

福柯. 知识考古学[M]. 谢强，马月，译. 北京：生活·读书·新知三联书店，1998.

高清海. 哲学与主体自我意识[M]. 长春：吉林大学出版社，1988.

戈茨. 概念界定：关于测量、个案和理论的讨论[M]. 尹继武，译. 重庆：重庆大学出版社，2014.

格里尼奥夫. 术语学[M]. 郑述谱，等译. 北京：商务印书馆，2011.

龚益. 社会科学术语工作的原则与方法[M]. 北京：商务印书馆，2009.

汉森. 发现的模式：对科学的概念基础的探究[M]. 刑新力，周沛，译. 北京：中国国际广播出版社，1988.

荷曼斯. 社会科学的本质[M]. 杨念祖，译. 台北：桂冠图书股份有限公司，1991.

赫尔巴特. 教育学讲授纲要[M]. 李其龙，译，北京：人民教育出版社，2015.

赫尔巴特. 论世界美的启示为教育的主要工作[M]//张焕庭. 西方资产阶级教育论著选. 北京：人民教育出版社，1964：249-250.

赫尔巴特. 普通教育学[M]. 李其龙，译. 北京：人民教育出版社，2015.

黑格尔. 精神现象学[M]. 贺麟，等译. 北京：商务印书馆，1979：162，271.

亨佩尔. 自然科学的哲学[M]. 上海：上海科学技术出版社，1986.

亨特，柯兰德. 社会科学导论[M]. 康敏，等译. 北京：世界图书出版公司北京公司，2012.

华勒斯坦，等. 开放社会科学：重建社会科学报告书[M]. 刘锋，译. 北京：三联书店，1997.

金岳霖．知识论（下册）[M]．北京：商务印书馆，2011.

卡尔纳普．世界的逻辑构造[M]．陈启伟，译．上海：上海译文出版社，1999.

康德．纯粹理性批判[M]．邓晓芒．译．北京：人民出版社，2004.

康德．论教育学[M]．赵鹏，何兆武，译．上海：上海人民出版社，2005.

康德．自然科学的形而上学基础[M]．邓晓芒，译．北京：生活·读书·新知三联书店，1988.

科拉科夫斯基．理性的异化：实证主义思想史[M]．张彤，译．哈尔滨：黑龙江大学出版社，2011.

科林斯．哲学的社会学：一种全球的学术变迁理论（下册）[M]．吴琼．等译．北京：新华出版社，2004.

克拉夫特．维也纳学派[M]．李步楼，陈维杭，译．北京：商务印书馆，1999.

克莱恩．跨越边界：知识、学科、学科互涉[M]．姜智芹，译．南京：南京大学出版社，2005.

孔德．论实证精神[M]．黄健华，译．南京：译林出版社，2014.

夸美纽斯．大教学论·教学法解析[M]．任钟印，译．北京：人民教育出版社，2006.

夸美纽斯．大教学论·致意读者[M]．傅任敢，译．北京：人民教育出版社，1984.

蒯因．从逻辑的观点看[M]．江天骥，等译．上海：上海译文出版社，1987.

拉卡托斯．科学研究纲领方法论[M]．兰征，译．上海：上海译文出版社，2005.

劳埃德．形成中的学科：对精英、学问与创新的跨文化研究[M]．陈恒，等译．上海：格致出版社，2015.

勒图尔诺．动物界的教育[M]．瞿葆奎．教育学文集·教育与教育学．北京：人民教育出版社，1993.

雷通群．西洋教育通史[M]．上海：商务印书馆（出版），1935；上海：上海书店（影印），1990.

李万中．思维的利剑：批判性思维让我们看清自己看清世界[M]．北京：清华大学出版社，2017.

李喜先，等．知识系统论[M]．北京：科学出版社，2011.

李正风．科学知识生产方式及其演变[M]．北京：清华大学出版社，2006.

列宁．列宁全集：第1卷[M]．3版．北京：人民出版社，2013：149.

林德伯格．西方科学的起源：公元前六百年至公元一千四百五十年宗教、哲学和社会建制大背景下的欧洲科学传统［M］．王珺，译．北京：中国对外翻译出版公司，2001．

卢梭．爱弥儿：上卷［M］．李平沤，译．北京：商务印书馆，1978．

鲁德纳．社会科学哲学［M］．曲跃厚，等译．北京：生活·读书·新知三联书店，1988．

罗素．数理哲学导论［M］．晏成书，译．北京：商务印书馆，1982．

马赫．认识与谬误［M］．洪佩郁，译．北京：北京联合出版公司，2014．

马克思，恩格斯．马克思恩格斯选集：第1卷［M］．3版．北京：人民出版社，2012．

马克思，恩格斯．马克思恩格斯选集：第2卷［M］．3版．北京：人民出版社，2012．

马克思，恩格斯，马克思恩格斯选集：第3卷［M］．3版．北京：人民出版社，2012．

麦克米伦，舒马赫．教育研究：基于实证的探究［M］．曾天山，等译．北京：教育科学出版社，2013．

茂木健一郎．通识：学问的门类［M］．杨晓钟，等译．南昌：江西人民出版社，2019．

莫兰．复杂性思想导论［M］．陈一壮，译．上海：华东师范大学出版社，2008．

莫塞，等．人类的知识：古典和当代的方法［M］．厦门大学知识论与认知科学研究中心，译．厦门：厦门大学出版社，2018．

穆勒．逻辑体系：第1卷［M］．郭武军，译．上海：上海交通大学出版社，2014．

内格尔．科学的结构：科学说明的逻辑问题［M］．徐向东，译．上海：上海译文出版社，2002．

尼科里斯，普利高津．探索复杂性［M］．罗久里，陈奎宁，译．成都：四川教育出版社，1986．

帕尔默．教育究竟是什么？100位思想家论教育［M］．任中印，等译．北京：北京大学出版社，2008．

培根．学术的进展［M］．刘运同，译．上海：上海人民出版社，2007．

皮尔逊．科学的规范［M］．李醒民，译．北京：商务印书馆，2012．

萨特．存在与虚无［M］．陈宣良，等译．北京：生活·读书·新知三联书店，2007．

斯金纳．超越自由与尊严［M］．王映桥，等译．贵阳：贵州人民出版社，1988．

孙寰．术语的功能与术语在使用中的变异性［M］．北京：商务印书馆，2011．

唐莹．元教育学［M］．北京：人民教育出版社，2002．

特纳，罗斯．社会科学哲学［M］．杨富斌，译．北京：中国人民大学出版社，2009．

涂尔干，莫斯．原始分类［M］．汲喆，译．上海：上海人民出版社，2000．

瓦托夫斯基．科学思想的概念基础［M］．范岱年，等译．北京：求实出版社，1989．

汪子嵩，等．希腊哲学史：第2卷［M］．北京：人民出版社，1993．

王续琨．科学学科学引论［M］．北京：人民出版社，2017．

韦伯．社会科学方法论［M］．韩水法，等译．北京：商务印书馆，2013．

维斯特．普通术语学和术语词典编纂学导论（第三版）［M］．邱碧华，译．北京：商务印书馆，2011．

温奇．社会科学的观念及其与哲学的关系［M］．张庆熊，等译．杭州：浙江大学出版社，2016．

乌申斯基．人是教育的对象：教育人类学初探（上卷）［M］．郑文樾，译．北京：人民教育出版社，2007．

项贤明．泛教育论：广义教育学的初步探索［M］．太原：山西教育出版社，2000．

萧焜焘．科学认识史论［M］．南京：江苏人民出版社，1995．

亚历山大．社会学的理论逻辑［M］．于晓，等译．北京：商务印书馆，2008．

闫坤如．科学解释模型与解释者信念研究［M］．北京：中国社会科学出版社，2016．

杨晓雍．科学始于概念［J］．科学技术哲学研究，1990（4）：16-20．

伊凡诺夫．主观辩证法［M］．詹汝琮，等译．北京：东方出版社，1988．

殷杰．当代社会科学哲学：理论建构与多元维度［M］．北京：北京师范大学出版社，2017．

詹姆斯．实用主义［M］．陈羽纶，等译．北京：商务印书馆，1979．

张大松．科学确证的逻辑方法与方法论［M］．武汉：武汉出版社，1999．

张庆熊．社会科学的哲学：实证主义、诠释学和维特根斯坦的转型［M］．上海：复旦大学出版社，2010．

中国大百科全书总编辑委员会《教育》编辑委员会，等．中国大百科全书·教育．北京：中国大百科全书出版社，1985．

中国大百科全书总编辑委员会《语言文字》编辑委员会．中国大百科全书·语言文字［M］．北京：中国大百科全书出版社，1988．

中国大百科全书总编辑委员会《哲学》编辑委员会，等．中国大百科全书·哲学卷：第Ⅰ册［M］．北京：中国大百科全书出版社，1985．

中华人民共和国国家质量监督检验检疫总局．中华人民共和国国家标准GB/T 15237.1—2000：术语工作——词汇·第一部分：理论与应用［S］．北京：中国标准出版社，2001．

中华人民共和国国家质量监督检验检疫总局．中华人民共和国国家标准GB/T 19100—2003：术语工作——概念体系的建立［S］．北京：中国标准出版社，2003．

兹纳涅茨基. 知识人的社会角色 [M]. 郑斌祥, 译. 南京: 译林出版社, 2000.

Alex Rosenberg. Philosophy of Science: A Contemporary Introduction. London: Routledge, 2000.

Arthur G. Wirth. John Dewey as Educator: His Design for Work in Education (1894 - 1904) [M]. Florida: Krieger Publishing Co., 1966.

Auguste Comte. The Positive Philosophy of Auguste Comte: Vol. 2. [M]. London: George Bell & Sons, Batoche Books Kitchener, 2000.

A. F. Chalmers. What Is This Thing Called Science? [M]. Queensland: University of Queensland Press, 1999.

B. F. Skinner. Beyond Freedom and Dignity [M]. England: Penguin Books Ltd., 1971.

Carl G. Hempel. Aspects of Scientific Explanation and Other Essays in the Philosophy of Science [M]. New York: The Free Press, 1965.

C. E. Bessey. The Taxonomic Aspect of the Species [J]. American Naturalist, 1908 (42), 218 - 224.

Daniel John O'Connor. An Introduction to the Philosophy of Education [M]. London: Routledge, 1957.

Daniel Putnam. A History of the Michigan State Normal School (now Normal College) at Ypsilanti Michigan [M]. Ypsilanti, Mich.: The Scharf Tag, Label & Box Co., 1899.

David B. Downing. The Knowledge Contract: Politics and Paradigms in the Academic Workplace [M]. Lincoln & London: University of Nebraska Press, 2005.

David E. Cloyd. Modern Education in Europe and the Orient [M]. New York: The MacMillan Company, 1917.

Edgar Faure, et al. Learning to Be [R]. UNESCO, Paris, 1972.

Elizabeth Steiner. Educology: Its Origin and Future [C]. Paper presented at Annual Meeting of the American Educational Research Association. New York: April 3 - 8, 1977.

Fritz Machlup. Knowledge: Its Creation, Distribution, and Economic Significance: Vol. 2. [M]. New Jersey: Princeton University Press, 1982.

Geoffrey C. Bowker, Susan Leigh Star. Sorting Things Out: Classification and Its Consequences [M]. Massachusetts: The MIT Press, 2000.

G. Dunn, B. S. Everitt. An Introduction to Mathematical Taxonomy [M]. New York: Dover Publications, Inc., 2004.

Harvey J. Graff. Undisciplining Knowledge: Interdisciplinarity in the Twentieth Century [M]. Baltimore: Johns Hopkins University Press, 2015.

Heather Macneil. Catalogues and the Collecting and Ordering of Knowledge (I): ca. 1550 - 1750 [J]. Archivaria, 2016, 82: 27 - 53.

Heinrich Rickert. The Limits of Concept Formation in Natural Science: A Logical Introduction to the Historical Sciences [M]. Cambridge: Cambridge University Press, 1986.

Henry Barnard. Normal Schools, and Other Institutions, Agencies and Means Designed for the Professional Education of Teachers: Part II: Europe [M]. Hartford: Case, Tiffany and Company, 1851.

Hope Mayne. Pedagogical Content Knowledge and Social Justice Pedagogical Knowledge: Re-Envisioning a Model for Teacher Practice [J]. Research in Educational Administration & Leadership, 2019, 4 (3): 701 - 718.

Iveta Ķestere, Iveta Ozola. Pedagogy: A Discipline under Diverse Appellations [J]. Baltic Journal of European Studies, 2011, 1 (1): 363 - 378.

Jerry A. Jacobs. In Defense of Disciplines: Interdisciplinarity and Specialization in the Research University [M]. Chicago: The University of Chicago Press, 2013.

Jim Manzi. Uncontrolled: The Surprising Payoff of Trial-and-Error for Business, Politics, and Society [M]. New York: Basic Books, 2012.

John Canning. Pedagogy as a Discipline: Emergence, Sustainability and Professionalization [J]. Teaching in Higher Education, 2007, 12 (3): 393 - 403.

John C. McKinney. Constructive Typology and Social Theory [M]. New York: Meredith Publishing Company, 1996.

John Dewey. Science as Subject-Matter and as Method. Science and Education [J]. Netherlands: Kluwer Academic Publishers, 1995, 4: 391 - 398.

John Dewey. The Sources of a Science of Education [M]. New York: Horace Liveright, 1929.

John Drysdale. How Are Social-Scientific Concepts Formed? A Reconstruction of Max Weber's Theory of Concept Formation [J]. Sociological Theory, 1996, 1 (14): 71 - 88.

John Ziman. Real Science: What It Is, and What It Means [M]. Cambridge: Cambridge University Press, 2000.

Jürgen Habermas. Technik und Wissenschaft als "Ideolgid" [M]. Frankfurd: Suhrkamp

Verlag, 1969.

Karl Popper. The Logic of Scientific Discovery [M]. London: Routledge, 2002.

Kathleen Cruikshank. The Prelude to Education as an Academic Discipline: American Herbartianism and the Emergence of a Science of Pedagogy [J]. Paedagogica Historica, 1998, 34 (1): 99-120.

Keith William Hoskin. Education and Genesis of Disciplinarity: The Unexpected Reversal [M] //Ellen Messer-Davidow, David R. Shumway, David Sylvan. Knowledges: Historical and Critical Studies in Disciplinarity. Charlottesville, VA: University Press of Virginia, 1993.

Keith W. Hoskin, Richard H. Macve. Accounting and the Examination: A Genealogy of Disciplinary Power [J]. Accounting, Organization and Society, 1986, 11 (2): 105-136.

Kenneth D. Bailey. Typologies and Taxonomies: An Introduction to Classification Techniques [M]. Thousand Oaks: Sage Publications, Inc., 1994.

Kimberley Skelton. The Malleable Early Modern Reader: Display and Discipline in the Open Reading Room [J]. Journal of the Society of Architectural Historians, 2014, 73 (2): 190.

Lee Shulman. Knowledge and Teaching: Foundations of the New Reform [J]. Harvard Educational Review, 1987, 57 (1): 1-22.

Levi Seeley. Elementary Pedagogy [M]. New York: Hinds, Noble & Eldredge, 1906.

Marjorie Garber. Academic Instincts [M]. New Jersey: Princeton University Press, 2001.

Martin Hollis. The Philosophy of Social Science: An Introduction [M]. Cambridge: Cambridge University Press, 1994.

Martin Kintzinger. Liberty and Limit: Controlling and Challenging Knowledge in Late Medieval Europe [C]. Joseph Canning, Edmund King, Martial Staub. Knowledge, Discipline and Power in the Middle Ages. Leiden & Boston: Koninklijke Brill NV, 2011.

Matthew Haar Farris. Disciplines and Interdisciplinarity as Relations-in-différance: A Derridean Account of Disciplinary Knowledge Differences [J]. Issues in Interdisciplinary Studies, 2017 (35): 53-64.

Morris R. Cohen, Ernest Nagel. An Introduction to Logic and Scientific Method [M]. New York: Harcourt, Brace and Company, 1934.

Muhammad Ali Khalidi. Natural Categories and Human Kinds: Classification in the Natural and Social Sciences [M]. Cambridge: Cambridge University Press, 2013: 125.

M. Dogan. Specialization and Recombination of Specialties in the Social Sciences [M]. Neil J. Smelser, Paul B. Baltes. International Encyclopedia of Social and Behavioral Sciences, Vol. 22. Amsterdam, New York: Pergamon-Elsevier Science, 2001.

Otto Willmann. The Science of Education in Its Sociological and Historical Aspects: Vol. 1 [M]. Authorized Translation from the 4th German Edition by Felix M. Kirsch. Pennsylvania: Archabbey Press, 1921.

Paul Baumgardner. Keywords: For Further Consideration and Particularly Relevant to Academic Life [M]. Princeton: IHUM Books & Princeton University Press, 2018.

Peter Bowler, John Pickstone. The Cambridge History of Science: Vol. 7 [M]. Cambridge: Cambridge University Press, 2003.

Peter Wagner. A History and Theory of the Social Sciences: Not All That Is Solid Melts into Air [M]. London: Sage Publications Ltd., 2001.

Ramkrishna Mukherjee. Classification in Social Research [M]. New York: State University of New York Press, 1983.

Raymond Aron. Max Weber and Michael Polanyi [M] //Polanyi Festschrift Committee. The Logic of Personal Knowledge: Essays Presented to Michael Polanyi on His Seventieth Birthday [M]. London: Routledge & Paul, 1961.

Rev. James Higgins. Fundamentals of Pedagogy: A Textbook for Catholic Teachers [M]. New York: The MacMillan Company, 1923.

Rob Moore. Making the Break: Disciplines and Interdisciplinarity [C]. Frances Christie, Karl Maton. Disciplinarity: Functional Linguistic and Sociological Perspectives. London & New York: Continuum International Publishing Group, 2011.

Robert K. Shope. The Analysis of Knowing: A Decade of Research [M]. New Jersey: Princeton University Press, 1983.

Robert S. Lynd. Knowledge for What? The Place of Social Science in American Culture [M]. Princeton: Princeton University Press, 1948.

Robin Alexander. Pedagogy, Curriculum and Culture. //Kathy Hall, Patricia Murphy, Janet Soler. Pedagogy and Practice: Culture and Identities [M]. London: Sage Publications Ltd., 2008.

R. S. Peters. The Concept of Education [M]. London: Routledge & Kegan Paul Ltd., 1967.

Stephen P. Turner, Paul A. Roth. The Blackwell Guide to the Philosophy of the Social Sciences [M]. Oxford: Blackwell Publishing Ltd., 2003.

Sue Batley. Classification in Theory and Practice [M]. 2nd ed. Oxford: Chandos Publishing, Elsevier Limited, 2014.

Tony Becher, Paul R. Trowler. Academic Tribes and Territories: Intellectual Enquiry and the Culture of Disciplines [M]. 2nd ed. London: The Society for Research into Higher Education Press, 2001.

William Outhwaite. Concept Formation in Social Science [M]. Boston: Routledge & Kegan Paul Ltd., 1983: 27.

Wolfgang Brezinka. Philosophy of Educational Knowledge: An Introduction of the Foundations of Science of Education, Philosophy of Education and Practical Pedagogics [M]. James Stuart Brice, Raoul Eshelman, Translated. Netherlands: Kluwer Academic Publishers, 1992.

Николай Гаврилович Чернышевский. Избранные философские сочинения. Т. 1. [M]. Л.: Госполитиздат, 1950.

后 记

作为一名学者，时常思考关于自己所研究学科的问题，似乎是一件免不了的事情，而且大多数学者在这种思考中往往都会表现出多少有些过度的焦虑，因为他从内部能看出很多外人难以发现的问题。对教育学者们来说，情况或许尤为如此。至少对我个人来说，这是千真万确的。

在我作为一个教育理论的门外汉而浸润于教育实践时，对教育学这门学问就已经产生了不少的疑团。抱着解开这些疑团的期望，我投身到鲁洁先生的门下，攻读教育基本理论。然而，学习越是深入，我的疑问却越多。取得博士学位之后，我又跟着顾明远先生学习比较教育学，希望他山之石可以助我攻玉，可结果却是我发现很多的教育问题不只是存在于我国，而是普遍表现于世界各国的教室内。正如一名雕刻师面对一块难以雕刻的玉石，首先想到的或许就是磨砺自己的刻刀一样，我对教育学这门学科的疑问也日益加深，对它的思考也日积月累，直至不吐不快了。

收在这本小册子里的文字，正是我多年来在老师和朋友们的引导和启发下对教育学这门学科的思考，是为它的出路而摸摸索索、寻寻觅觅所得到的一点点收获，其中多数已经在《教育研究》等学术刊物上陆续发表过了，这里整理出来，既是一个小结，也是为继续前行而整理思路打些基础。这里要特别感谢《教育研究》杂志，在教育理论日益受冷落的当下，它依旧对我这些文字不离不弃。这里的很多文字，最初都是由它刊登出来的。于我自己而言，或可视之为敝帚自珍——我一直认为理论工作对一门学科来说是最核心的，在诸学科发展史上占据一席之地的大家，几乎都提出了关于这个世界某种深刻且有效的理论解释模型，即便是那些推崇实证研究的学者，奠定其学术地位的也往往是他们通过实证而发现的理论，而不是实证调查本身；于杂志编辑而言，就只能是一种理论的情怀、一种对学术问题的洞察力和学科发展的战略眼光了，否则，无法解释他们不受学术时尚的左右而对这些文字始终如一的厚爱。

宋人曾有诗云:"琢之磨之,玉汝于成。孰为玉工,师友父兄。"一个人的修炼如此,一门学科的成长又何尝不是如此呢?在一个理论式微的学术时尚潮流中,中国人民大学出版社愿意将这些文字结集出版,也是对我多年来苦苦寻觅的一种鼓励和支持。

衷心地感谢多年来诸位师友的理解和帮助!无论是为这些文字,还是为我自己,谢意都是满怀的。

贤明谨识于 2020 年 9 月 10 日第 36 个教师节